dumont taschenbücher

Anneliese und Peter Keilhauer (geb. 1942 bzw. 1936) sind seit etwa 17 Jahren als Studienreiseleiter vor allem in Asien tätig. Indien, die Himalayastaaten und die buddhistischen Länder des Fernen Ostens sind ihnen zu einer zweiten Heimat geworden. Zahlreiche Privat- und Studienaufenthalte in Klöstern, Tempelstädten und -schulen ermöglichten ihnen den intensiven Kontakt mit den »lebenden« Religionen – Buddhismus, Lamaismus, Hinduismus –, deren Lehrern, Priestern, Mönchen und Pilgern. Ihre praktischen Erfahrungen setzten sie in Vortragsreihen, Seminaren, Kursen und Zeitschriftenaufsätzen über Indische Geisteswelt um. Anneliese Keilhauer hat in einer auf drei Bände angelegten Reihe über die Religionen Indiens die Bände *Hinduismus* (Stuttgart 1979) und *Buddhismus* (Stuttgart 1980) veröffentlicht. Von beiden Autoren erschienen »Rajasthan – Indiens Königsland« (Wels-München 1983) und im DuMont Buchverlag »Ladakh und Zanskar – Lamaistische Klosterkultur zwischen Indien und Tibet« und »Südkorea – Kunst und Kultur im Land der Hohen Schönheit« (DuMont Kunst-Reiseführer).

Minakshi-Tempel von Madurai, Torturm (Gopura) mit Vesara-Dach, hufeisenförmigem Kudu-Bogen und Vasen (Kalashas) mit Unsterblichkeitstrank

Anneliese und Peter Keilhauer

Die Bildsprache des Hinduismus

Die indische Götterwelt und ihre Symbolik

DuMont Buchverlag Köln

Umschlagabbildung Vorderseite: Vishvarupa, »Allgestaltige« Gottheit (Ausschnitt aus Farbabb. 2)

Umschlagabbildung Rückseite: Der schwarze Krishna, die achte Inkarnation Vishnus, als Jagannatha (Herr der Welt) mit seinem hellhäutigen Bruder Balabhadra und seiner Schwester Subhadra. Nachbildung des Kultbildes im Jagannatha-Tempel von Puri, Orissa

CIP-Kurztitelaufnahme der Deutschen Bibliothek

Keilhauer, Anneliese:
Die Bildsprache des Hinduismus : d. ind. Götterwelt
u. ihre Symbolik / Anneliese u. Peter Keilhauer.
– Erstveröff. – Köln : DuMont, 1983.
(DuMont-Taschenbücher ; 131)
ISBN 3-7701-1347-0
NE: Keilhauer, Peter:; GT

Erstveröffentlichung

2. Auflage 1986

Satz und Druck: Rasch, Bramsche
Buchbinderische Verarbeitung: Bramscher Buchbinder Betriebe

Printed in Germany ISBN 3-7701-1347-0

Inhalt

Vorwort

Staunend und nicht selten verwirrt stehen Abendländer vor den monumentalen indischen Tempeltürmen; nahezu unfaßbar staffelt sich eine unüberschaubare Skulpturenfülle in den Himmel. Interesse zur Entschlüsselung ist meist in reichem Maße vorhanden; doch leider viel zu oft lassen sich Indien-Reisende oder Leser von Ikonographie-Büchern allzufrüh von Formenreichtum und Namensvielfalt der hinduistischen Götterwelt entmutigen.

Die Auseinandersetzung mit der Bildsprache des Hinduismus erfordert zunächst gewiß ein tiefgreifendes Umdenken. Vertrautes und Gewohntes werden durch völlig Fremdartiges ersetzt: die kosmische Einbettung des Menschen in den ewigen Kreislauf von Werden und Vergehen, das nahtlose Ineinanderfließen von Sinnlichkeit und Askese, von Schönheit und Schrecken, Leben und Tod, die Betrachtung der Welt als flüchtiges Trugbild, als Schauplatz der stufenweisen Vergeistigung und als gestaltgewordener »Ausfluß« des allumfassenden Göttlichen, Sehnsucht und Streben nach der Ureinheit mit dem absoluten Weltgeist. Visionen dieser Verwobenheit von Irdischem und Übernatürlichem haben die Inder in unerreichter Virtuosität und Phantasie in Stein gemeißelt. Hoch- und Volkskunst schöpfen unablässig aus uralten heiligen Schriften, vielfältigen und widersprüchlichen Legenden, Mythen, Traditionen und Riten.

Es kann und soll daher nicht Ziel dieses Buches sein, die einzelnen Bildwerke und Symbole nur mit Namen zu versehen und nach rein ästhetischen und stilistischen Gesichtspunkten zu betrachten. Vielmehr soll es als Leitfaden dienen, das Göttergewirr in theologische Systeme einzubinden und die einzelnen Figuren als Abbilder unterschiedlicher Offenbarungen eines *einzigen* Hochgottes zu sehen. Erst das »Lesen« der tiefgründigen Symbolsprache und der darin verborgenen Legenden erweckt totes Material zum Leben. Kult- und Sinnbilder sollen als Spiegel spannungsreicher historischer Entwicklungen, kultureller Wandlungen, vater- und mutterrechtlicher Gesellschaftsformen, von Standeskämpfen und Sektenzwistigkeiten vor Augen geführt werden. Idole, Symbole, Mythen und Legenden fügen sich gleichsam mosaikartig zu einem Gesamtbild des Hinduismus, der Hauptreligion, Sozialordnung und dem Lebensstil Indiens.

Für den Inder sind Kultbilder Aufforderungen zum Erlösungsweg und magisch gebannte Wünsche; für den Abendländer sollen sie zum unentbehrlichen Kulturspiegel eines Vielvölkerstaates werden, in dem die Religion der Grundpfeiler des Lebensablaufes seit Jahrtausenden ist.

Salzburg, im Januar 1983 *Anneliese und Peter Keilhauer*

Erläuterungen zu Schreibweise und Aussprache

Alle religiösen und philosophischen Begriffe werden hauptwörtlich gebraucht und daher ebenso wie Orts-, Personen- und Götternamen groß geschrieben. Es kam den Autoren vor allem auf Lesbarkeit und Verständlichkeit an, daher wurde die Schreibweise der Sanskrit-Wörter vereinfacht und beispielsweise diakritische Zeichen weggelassen; einige Bezeichnungen wurden mit Bindestrich geschrieben, z.B. Gaja-Lakshmi (statt Gajalakshmi), Ardhanar-Ishvara (statt Ardhanarishvara) etc. Der Plural wurde durch Anhängen von -s, z.B. Devata = Gottheit, Devatas = Gottheiten gebildet. Dies entspricht auch den Sanskrit-Vereinfachungen indischer Publikationen in englischer Sprache.

Zur Aussprache: C = Tsch-h, ch= tsch, h wird immer gesprochen, j = dsch, s = stimmloses ß, sh = sch, v = w (z.B. Shiva = Schiwa, Vishnu = Wischnu), y = j.

Der Hinduismus: Hauptbegriffe und Entwicklungsstufen

Hinduismus

Hauptreligion, Gesellschaftsordnung und Lebensstil Indiens (Hindusthan ist die persische Bezeichnung für Indien). Angehörige sind die Hindus, die in eine bestimmte Kaste hineingeboren werden und daher nicht dem Jainismus, Buddhismus, Indo-Islam oder einer anderen Religion zugezählt werden.

Entwicklungsstufen

Induskultur, auch Industal- oder Harappa-Kultur, etwa 2800 bis etwa 1400 v. Chr., Einflußbereich bis nördlich von Bombay: städtische Hochkultur mit Anknüpfungen an das südliche Mesopotamien (Sumer), beherrscht von einer Priester- und Kaufmannsaristokratie, im bäuerlichen Hinterland mutterrechtliche Dorfstrukturen. Träger: vermutlich den *Dravidas* am Dekkhan und in Südindien verwandt. Zersetzung der Industalkultur von innen her (Verfall der Staudämme, Versalzung des Bodens etc.) und Zerstörung durch die Arier, Abdrängen der Bevölkerung nach Osten und Süden.

Etwa 1500 v. Chr.: Beginn des Einfalls hellhäutiger Hirtenkrieger, der *Aryas* oder *Arier* aus zentralasiatischen Steppen, eng verwandt mit den Alt-Iraniern und nordmesopotamischen Mitanni. Im 6. Jh. v. Chr. 16 Königreiche bis zum Golf von Bengalen und den Vindhya-Bergen.

Religion: *Vedismus* (etwa 1200–900 v. Chr.), Natur- und Zauberreligion. Göttliche Offenbarung (Veda mit philosophischen Traktaten = Upanishaden), später in Sanskrit niedergeschrieben. Vaterrechtliche Gesellschaftsordnung, vier Stände (Varna), die Masse der Leibeigenen ist weitgehend identisch mit den Eingeborenen.

Brahmanismus, Brahmana-Zeit (etwa 900–400 v. Chr.): Opfermonopol des Priesterstandes, im 6. Jh. v. Chr. Reformreligionen Buddhismus und Jainismus.

Etwa 500 v. Chr.: Beginn der Verschmelzung des vorarischen Volksglaubens (Animismus, schamanistischer Yoga, Fruchtbarkeitskulte) mit der vedisch-brahmanischen Opferreligion zum *eigentlichen* oder *jüngeren Hinduismus.* Heilige Schriften: Heldenepen Mahabharata und Ramayana, Gesetzbuch des Manu, Puranas.

Tantrismus: Mystische Weltanschauung und komplizierte Rituallehre der Verwobenheit von übersinnlicher und sinnlicher Welt, von Makro- und Mikrokosmos. Der ganze Mensch wird aktiv in den Erlösungsprozeß einbezogen durch Yoga, symbolhaltige Körpersprache, Versenkung mit Hilfe magisch-mystischer Diagramme (Yantras, Mandalas) und energiegeladener Keimsilben (Mantras), Sexualriten.

Die heiligen Schriften (Tantras) sind in einer esoterischen Symbolsprache für Eingeweihte abgefaßt und nur für verschiedene Sekten gültig.

Der Tantrismus ist altindisch-vorarischen Ursprungs – Kult der großen Muttergöttin – und beeinflußt alle indischen Religionen. Als Shaktismus durchdringt er um etwa 500 n. Chr. verstärkt den Hinduismus.

0 100 200 500 Km 1000
Maßstab ca. 1:8,7 Mill.
Kabul
Pakistan
Srinagar
Taxila
Tibet
Indus
Kurukshetra
Hardwar
Hastinapura
Nepal
Indraprashtha
Mohenjo daro
Delhi
Mathura
Ahiccatra
Ganga
Osian
Pushkar
Ayodhya
Kathmandu
Karachi
Yamuna
Varanasi (Benares)
Nathadwara
Allahabad
Patna
Ganga
Modhera
Gaya
Khajuraho
Ujjain
Vindhya-Kette
Dwarka
Indore
Narmada
Kalkutta
Nasik
Elura
Bhuvaneshvar
Bombay
Konarak
Elephanta
Godavari
Puri
Arabisches Meer
Hyderabad
Golf von Bengalen
Krishna
Amaravati
Badami
Vijayanagar
Belur
Halebid
Madras
Kanchipuram
Mahabalipuram
Somnathpur
Kaveri
Srirangam
Tanjur
Madurai
Rameshvaram
Sri Lanka
Kanya Kumari
Colombo

I Von Tempelstädten zu Dorfschreinen

1 Der Tempel als Abbild des Kosmos

Der hinduistische Tempel ist die Wohnstätte der Götter, der Begegnungsort von Mensch und Gott, von Irdischem und Übernatürlichem. Architektonisches Hauptmerkmal ist der Tempelturm als Abbild des mythischen Berges Meru, der Achse des Universums.

Den Aufbau des Kosmos dachte man sich ursprünglich im schamanistischen Sinne als Riesenbaum, dann als Berg (Himalaya), auf dem ähnlich dem griechischen Olymp die Götter residieren. Im Laufe der Zeit rückte der Berg weiter nach Norden, wurde zum *Stufenberg Meru* (Sumeru) und Mittelpunkt des Universums. Um ihn gruppieren sich Ringozeane, in denen Haupt- und Nebenkontinente schwimmen, unter ihm staffelt sich die mehrschichtige Unterwelt mit ihren heißen und kalten Höllen. Alle anderen Weltsysteme – zahlreich wie Sandkörner am Ganges – sind von teils phantastischen Wesen bevölkert. Unsere Erde ist einer der vier Hauptkontinente (Dvipa) und benannt nach einem Rosenapfelbaum (Jambu), der südlich des Meru steht. Auf dem Jambudvipa liegt Bharatavarsha = Indien, wo die Nachkommen des weisen Königs Bharata leben.

Nach dem Hindu-Glauben entfaltet sich die ganze Erscheinungswelt aus dem mütterlichen Schoß der Natur, als dessen Abbild man sich eine Höhle unter dem Berg vorstellte. Beim freistehenden Tempel wurde die Cella zur Höhle oder Schoßkammer (Garbhagriha) mit dem figürlichen oder symbolischen Hauptidol. Eines der wichtigsten Rituale ist die Umwandlung (Pradakshina) des Kultbildes als Nachvollzug der dem Göttlichen innewohnenden kosmisch-ethischen Ordnung. Da man sich anfänglich den Sonnenlauf als Abbild dieser ewigen Weltgesetzlichkeit dachte, erfolgt die Umwandlung von Ost nach West. Der Götterberg über der Cella wurde im Laufe der Zeit immer mehr von einer geradezu unüberschaubaren Skulpturenfülle verschiedenster Wesen überwuchert.

Da der Hinduismus die ganze Erscheinungswelt als Entfaltung *eines* Urwesens ansieht, wird zwischen Makro- und Mikrokosmos, zwischen Himmel, Erde und Unterwelt, zwischen Realität und Illusion keine Trennung dem Wesen nach, sondern nur hinsichtlich der Rangordnung und des »Feinheitsgrades« gezogen. An Tempelwänden wurde daher, von der Sockelzone aufsteigend, die Welt der Menschen, Tiere, Fabelwesen, Dämonen, Weisen, Halbgötter und Hochgötter als eine phantastische Vision von ungeheurer Dramatik und Dynamik in Stein gebannt (Frontispiz, S. 2; Farbabb. 1).

In der Tempelbaukunst wurden zwei Haupttypen und eine Mischform entwickelt: der nordindische oder indoarische Nagara-Stil, der südindische Dravida-Stil und als Mischtyp am Dekkhan der Vesara-Stil.

Beim *nordindischen Stil* erhebt sich der Götterberg als konvex gekrümmter, vertikal gegliederter Tempelturm (Shikhara) mit einem runden Stein in Form der Myrobalan-Frucht (Amalaka) als Abschluß. Darauf steht eine Amrita- oder Nektar-Vase, die Unsterblichkeit verheißt und in die Transzendenz weist. Vor dem Turm staffeln sich auf einer Plattform meist ostseitig mehrere Hallen

1 Vishvanatha-Tempel von Khajuraho, dem Shiva geweiht, mit freistehendem Pavillon für den Nandi-Bullen. Nordindischer Tempelstil

2 Monolith-Rathas, steinerne Tempelwägen (Rathas) von Mahabalipuram, benannt nach den fünf Pandava-Prinzen aus dem Mahabharata. Vorne der Dharmaraja-Ratha, dem Yudhisthira geweiht, mit pyramidal gestaffeltem Dach und Stupika als Abschluß – Prototyp südindischer Tempeltürme (Vimanas); dahinter der Bhima-Ratha mit gekrümmtem Giebeldach im Vesara-Stil

(Mandapas) und ein freistehender Pavillon für das »Fahrzeug« (Vahana), das Reit- oder Symboltier der Hauptgottheit (Abb. 1). Eine Variante, namentlich bei frühmittelalterlichen Tempeln, ist der Panchayatana-Typ, bei dem der zentrale Shikhara in der kosmischen Fünfersymbolik an den Ecken der Plattform von vier niedrigeren Türmen umringt ist. Ein heiliger Teich (Kund) zur rituellen Reinigung mit Treppen (Ghats) vervollständigt nordindische Tempel.

Im *dravidischen Süden* wuchsen die Gotteshäuser zu weitläufigen befestigten Tempelstädten. Der Tempelturm (Vimana) über der Cella ist pyramidal gestaffelt, horizontal gegliedert und von einem halbkugelförmigen Schlußstein (Stupika) bekrönt (Abb. 2). Allmählich verlagerte sich der architektonische Akzent an die Peripherie, und die Tempelanlage wurde von gewaltigen Tor- und Wachttürmen (Gopura oder Gopuram = Kuhfestung; Frontispiz) beherrscht. Zahlreiche rechteckige, ummauerte Höfe gliedern den südindischen Tempel in einzelne Bezirke mit Schreinen für die Hauptgottheit, seine weibliche Partnerin (Shakti), sein Vahana und

3 Gehörnte Fabelwesen (Yalis oder Vyalis), darunter das Seeungeheuer Makara, und Reiterfiguren mit Dienern als Stützenplastik. Varadaraja-(Vishnu)-Tempel von Kanchipuram

Nebengötter, in Kulthallen (Nata- oder Natya-Mandapa = Tanzhalle, Kalyana-Mandapa = Halle für die »Heilige Hochzeit«), vielfach auf Reiter, aufbäumende Rosse, Fabelwesen, hundert oder tausend Pfeiler gestützt (Abb. 3), mit endlosen Korridoren für

Prozessionen, mit Wohnungen der Priester und Tempeltänzerinnen (Devadasis, portugiesisch Bajaderen), Schatzhäusern, Ladenstraßen, Elefantenställen, Abstellräumen für Ritualgerät und Prozessionswagen (Rathas), mit Teichen für das Floßfest und für rituelle Reinigungen, Verbrennungs-Ghats in Flußnähe etc.

Beim *zentralindischen Vesara-Typ* mischen sich nord- und südindische Stilelemente. Hauptmerkmal ist ein Tonnendach mit einem von buddhistischen Caitya-Hallen abgeleiteten Hufeisenbogen (Kudu) und bekrönenden Nektarvasen (Kalashas; Frontispiz, Abb. 2).

2 Themenkreise figürlicher Darstellungen

An frühen Höhlen- und freistehenden Tempeln ist der Themenkreis figürlicher Darstellungen auf die Glorie der Hochgötter in verschiedenen Aspekten und die Verherrlichung göttlich inspirierter Seher und Weiser (Rishis und Munis) bezogen. Sie verstehen sich als Ahnherren der Priester-(Brahmanen)geschlechter, als »Götter in Menschengestalt«, Hüter des heiligen Wissens (Veda) und Rituals, als unentbehrliche Mittler zwischen Mensch und Gott.

Im Laufe der Zeit führten die Fehden zwischen verschiedenen theologischen Systemen zur Erfindung neuer Mythen und Legenden und damit zur Erweiterung des Götterhimmels. Als Zugeständnis an die breiten Volksmassen wurden auch Gottheiten niederer Stände, Lokal- und Volksgötter und Dämonen, vielfach als schreckliche Aspekte der Hochgötter, in das spekulative Pantheon der Priester aufgenommen. In mittelalterlichen Tempeln mußte auch dem Kriegeradel als Mäzenen von Kultbauten Rechnung getragen werden. Analog zu den Priestern suchten auch die Könige ihre Herkunft von den Göttern, vor allem den vergöttlichten Helden der großen Epen, des Mahabharata und des Ramayana, abzuleiten.

Da der Hinduismus zwischen Sakral und Profan nicht scharf trennt, wird besonders in der Sockelzone großer Tempel der Darstellung des weltlichen und religiösen Lebens der *Gottkönige (Devarajas)* und ihrer *göttlichen Ahnen* breiter Raum gewidmet (Abb. 4). Das Leben der Stifter wird in bezug auf die drei Lebens-

4 Tempelstifter und »Gottkönige«: der Hoysala-König Narasimha und seine Gemahlin mit Hofstaat, Soldaten, fächer- und wedelschwingenden Dienerinnen. Tempel von Belur

ziele (Trivarga) der oberen Hindu-Stände dem Beschauer vor Augen geführt:

Artha ist das »Nützliche«, ist Staatskunst und Kriegsführung sowie Mehrung des Wohlstandes von Familie und Staat. So werden die siegreichen Schlachten der Könige gezeigt und das vergnügliche Leben bei Hofe, Musik, Tanz, Jagd, Genreszenen.

Kama, die Erotik, ist das zweite Lebensziel. Analog zu den himmlischen Freuden ist die Liebe nicht nur zur Zeugung von Nachkommenschaft bestimmt, sondern wird als raffinierte Lebensart verstanden, die im Kamasutra (Leitfaden zur Liebeskunst) verankert ist. Erotische Szenen, auch in Gruppen oder mit Tieren, sind beliebte Themen (Abb. 23, 24). Das Tier ist im Hinduismus heilig und tabu und kann daher ein gleichwertiger Geschlechtspartner sein; schließlich manifestieren sich ja auch Götter tiergestaltig.

Moksha, das Streben nach Erlösung aus der Kette der Wiedergeburten, darf als drittes Lebensziel trotz allen Genusses nicht vernachlässigt werden; denn nur in wohlausgewogener Erfüllung aller drei Lebensziele handelt ein Hindu in *Übereinstimmung mit der göttlichen Weltordnung (Dharma).* Der Verschiedenartigkeit der erlösungsbedürftigen Kreaturen tragen die heiligen Schriften durch unterschiedliche Erlösungswege Rechnung. Karma-Marga, der

5 Surasundari, himmlisches Freudenmädchen, bei der Toilette. Vishnu-Tempel in Srirangam, Tamil Nadu

6 Apsara, himmlische Nymphe und Musikantin. Vishnu-Tempel in Srirangam, Tamil Nadu

Weg der Taten, des Rituals und des Kultes, wird durch die Darstellung von Tempelerrichtungen, Zeremonien, Prozessionen etc. erläutert. Bhakti-Marga, der Pfad der liebevollen Hingabe an die Erlösergnade eines Gottes, wird hauptsächlich durch Puja, die

7 Ein himmlischer Musikant (Gandharva) mit einer Stabzither (Vina) im Knieflug mit seiner Gemahlin. Museum Delhi

Verehrung »ansprechbarer« Götterbildnisse durch König und Adel vor Augen geführt. Dieser Erlösungsweg steht vor allem den breiten Volksmassen zum Nachvollzug offen. Der extreme Pfad der Erkenntnis (Jnana-Marga) mit teils esoterischen und okkulten Riten ist Mystikern, Tantrikern und Schriftgelehrten vorbehalten und wird in der bildenden Kunst durch Gestalten von Yogis, Waldeinsiedlern, Asketen, Wanderheiligen etc. veranschaulicht.

Der *figürlichen Darstellung von Göttern* in unterschiedlichen Aspekten und verschiedener Rangordnung ist der weitaus breiteste Raum der Skulpturenkunst und Malereien gewidmet. Hochgötter erscheinen vielfach in vorspringenden Kapellen, mit oder ohne ihre Familienmitglieder und »Fahrzeuge« (Vahanas). Den himmlischen Hofstaat und das Gefolge bilden Scharen von dienenden und niederen Gottheiten, himmlische Musikanten, Tänzerinnen und Freudenmädchen, Liebespaare, Weise und Heilige, Schlangen- und

8 Himmlische Musikanten (Gandharvas). Museum Delhi

Baumgeister, Fruchtbarkeitsgenien, dickbäuchige Gnomen und Kobolde, Fabelwesen usw. (Abb. 5–8). Schreckensgottheiten sind von Hungergeistern, Skeletten, blutrünstigen Hexen und bösartigen Gespenstern umringt. Die Wächter des Universums sind an den Außenwänden nordindischer Tempel in den Haupt- und Nebenhimmelsrichtungen auf Konsolen postiert, Tore werden von weiblichen oder männlichen Hütern bewacht, als Begleitfiguren können Stifterpaare mit fächer- und wedelschwingenden Dienerinnen auftreten. Planetengötter sind in Nordindien häufig an Architraven der Cellatüren angeordnet, im Süden in kleinen Schreinen als Neunergruppe. Die Hauptgottheit eines Tempels erscheint in der Mitte des Türsturzes; an Haustüren wird dieser Platz gerne von Göttern des Wohlstands und Glücks eingenommen, so von Gaja-Lakshmi mit zwei Elefanten (Abb. 92) oder vom elefantenköpfigen Gott Ganesha.

3 Glückszeichen und Symbole als Bauschmuck

Außer Götterfiguren überziehen Ornamente, Tiere, Fabelwesen, Dämonenmasken etc. als Glückszeichen, apotropäische Mittel, Sinnbilder, Schmuck und Unterteilung alle Bauglieder eines Tempels. Verschiedene Symbole sind darüber hinaus als Attribute von Göttern eine wichtige Hilfe zur Entschlüsselung der Bildsprache. *Glückverheißende Zeichen (Mangala)* untergliedern erzählende Friese oder sind in Gruppen zusammengefaßt, beispielsweise als Acht Glückszeichen (Astamangala), als Glückszeichen eines Weltenherrschers etc. Zu den beliebtesten Glücks- und Heilszeichen gehören Hakenkreuz, Vase, Fische, Spiegel, verschiedene Tiere und Fabelwesen.

9 Das Motiv des »vollen Kruges« (Purnakumbha) als Zeichen der Lebensfülle, darüber ein Ruhmesantlitz (Kirtti-Mukha)

10 Sockelzone des Keshava-(Vishnu)-Tempels von Somnathpur, Karnataka. Symbolik der Friese von unten nach oben: Elefantenfries: Beständigkeit des Reiches; Pferde- und Reiterfries: Dynamik, Expansion des Reiches; Blütenranken aus einem Dämonenantlitz: Lebensfülle und allesverschlingende Zeit; Kampfszenen aus Mahabharata und Ramayana; Makara-Fries, Seeungeheuer: Fruchtbarkeit verheißendes Glückszeichen; Gänsefries: Die hochfliegende Gans versinnbildlicht den freien Geist und die geistige Wiedergeburt ▷

11 Elefant am Krug der Fülle und personifizierter Schatz (Lotos- oder Muschelhornschatz) Kuberas an Tempeltüren

Das Hakenkreuz (Swastika) taucht erstmals auf Siegeln und Terrakotten der vorarischen Industalkultur (etwa 2800–1500 v. Chr.) auf und steht – wie auch in anderen Kulturkreisen – in Verbindung mit Sonne und Feuer, das Glück und Heil verheißt. Die Vase (Kalasha) birgt den Unsterblichkeitstrank Amrita. Das Motiv des »vollen Kruges« (Purnakumbha) oder »vollen Gefäßes« (Purnaghata) ist auch ein wichtiges Bauglied, vor allem an Säulen und Pfeilern, und steht für Lebensfülle, Fruchtbarkeit und Überfluß in Verbindung mit Flußgöttern (Abb. 9). Fische (Mina oder Matsya) versinnbildlichen das Entgleiten der Seelen aus den Fesseln der Wiedergeburten. Der Spiegel (Darpana) gilt als Zeichen der Schönheit und der Welt als Illusion (Maya).

Zu den Glückszeichen eines Weltenherrschers zählen auch Elefanten, Pferde und Löwen. Elefanten sind Träger des Universums und verkörpern analog dazu die Beständigkeit des Reiches; darüber hinaus stehen sie für die aus den himmlischen Wassern entsprießende Fruchtbarkeit. Pferde gelten als Zeichen der Dynamik und Expansion des Landes. Die während der Maurya-Epoche aus Persien eingeführte Löwen-Darstellung ist das Symbol der Königsmacht. Makaras sind Fabelwesen, die aus Fisch, Delphin, Krokodil und Elefant entwickelt wurden, sind mit Wasser- und Liebesgöttern (Ganga, Varuna, Kama etc.) verbunden und verheißen als Glückszeichen Fruchtbarkeit. Die weiße Wildgans ist in der Mythologie am heiligen Manasarowar-See hoch im Himalaya, nahe dem Berg

Kailash (Kailasha), beheimatet; durch ihren Flug bis in die Wolken versinnbildlicht sie den freien, reinen Geist und die spirituelle Wiedergeburt (Abb. 10).

Schlangen und Lotosblumen sind Symbole der Lebensenergie und der Entfaltung der empirischen Welt aus den Urwassern und dem Mutterschoß; beide Motive sind häufig an Decken, als Türumrahmungen, Friese und Untergliederungen figürlicher Darstellungen eingefügt. Schlangengleich ranken sich auch *Blüten, Girlanden und Zweige* an den Tempelwänden als Gleichnis üppiger Lebensfülle empor. An Tempelschwellen sind häufig zwei der neun Schätze (Nidhis) des Reichtumsgottes Kubera, nämlich *Lotos- und Muschelhornschatz,* zu finden (Abb. 11). Wie in der hinduistischen Kunst üblich, können diese Embleme auch personifiziert dargestellt werden, nämlich als kleine sitzende Figuren neben »vollen Krügen« und den Flußgöttinnen Ganga und Yamuna.

Aufbäumende Rosse mit Reitern oder Fabelwesen sind beliebte Stützen offener Tempelhallen. *Shardulas* sind tigerähnliche Ungeheuer, *Yalis* oder *Vyalis* Verbindungen von gehörnten Raubkatzen (Leoparden, Löwen) mit Greifen und Elefantenrüsseln. Das Gesicht der Yalis heißt *Kirtti-Mukha = Ruhmesantlitz,* das den Dämon der allesverschlingenden Zeit (Kala) vergegenwärtigt, aus dessen Rachen die Lebensfülle in Form von Blüten- und Blattranken hervorsprießt (Abb. 12, 182). In Ostindien ist dafür auch die Bezeichnung Rahumukha (= Antlitz des Rahu) üblich, benannt nach dem Dämon der Sonnen- und Mondfinsternis.

12 Kirtti-Mukha, gehörntes Antlitz eines Löwen, Dämonenmaske als Sinnbild der Zeit; Blütenranken als hervorquellende Lebensfülle

4 Zeugen des Volksglaubens

Unabhängig von den großen Tempeln legen zahllose Dorfheiligtümer und übers ganze Land verstreute Kultstätten unter freiem Himmel Zeugnis der Volksfrömmigkeit ab. Als Kontinuum über Jahrtausende blieben im Volk Animismus, Schamanismus und Fetischismus erhalten; Hoch- und Volksreligion beeinflußten einander sehr stark. Tief verwurzelt ist der Kult der Muttergottheiten und der ganzen »beseelten« Natur. So gelten Bäume, Pflanzen, Steine als Sitz von wohlwollenden oder bösartigen Geistern, die es in verschiedener Form zu beschwören gilt. Jedes Dorf hat einen heiligen Baum oder Strauch; besonders große Verehrung genießt die Tulsi-(Basilikum)pflanze. Auch für hinduistische Hochgötter gelten bestimmte Pflanzen, Bäume und Steine als Substitute, so fünf verschiedenfarbige Steine als Hausidole für Vishnu, Shiva, Durga/ Parvati, Ganesha und Surya. Die tiefverwurzelte Magie findet ihren Ausdruck in Beschwörungsriten und *magischen Diagrammen* (Ran-

13 Glückverheißendes magisches Diagramm, Hochzeits-Rangoli (in Ostindien: Alpana, in Südindien: Kolam)

14 Varianten von Schlangensteinen (Nagakals), die Fruchtbarkeit verheißen

golis, in Bengalen: Alpanas, in Südindien: Kolams), die täglich mit Reispulver auf Fußböden vor Häusern, in Tempeln oder an Wänden aufgetragen werden; sie sollen dämonische Mächte fernhalten, hingegen Segen und Fruchtbarkeit hereinzaubern (Abb. 13).

Weit verbreitet sind *Fruchtbarkeitsidole*, ganz simpel als Topf, Loch, eiförmige Steine oder als weibliche und männliche Geschlechtsteile in Linga- und Yoni-Form (Abb. 118–121). Zu solchen Andachtsstätten auf freiem Feld, unter Bäumen oder bei Schreinen gehören meist auch *Schlangensteine* (Nagakals), der elefantenköpfige Gott Ganesha als Fruchtbarkeitsgenius und Shivas Buckelstier und Dreizack (Abb. 14, 15). Die Felder werden von riesigen, bunt bemalten Tonfiguren mit furchterregendem Äußeren geschützt. In Südindien werden große tönerne *Votivpferde* für Aiyanar, den Schutzgott der Tamilen, auf die Felder gestellt (Farbabb. 10; Abb. 16, 131). Zu diesen *Schützern der Felder* (Kshetrapalas) treten in den Siedlungen Heiligtümer der *Dorfgottheiten* (Gramadevatas). Die Idole können ganz einfach aus Ton, Holz, Metall oder Stoff geformt sein, stellen aber häufig originelle und wertvolle Zeugen der Volkskunst dar.

15 Dorfheiligtum unter freiem Himmel mit Fruchtbarkeitsidolen, wie Nandi-Bulle, Linga und Yoni sowie Shivas Dreizack und Liebespaaren (Mithuna)

Nach dem Glauben der Hindus vernichtet Feuer die Welt als Voraussetzung für neues Werden. Daher werden Leichen verbrannt, ihre Asche zur Entsühnung und Reinigung (vgl. die Herabkunft der Ganga, S. 176) in einen Fluß gestreut und keinerlei Denkmäler errichtet. Ausnahmen bilden *Sati- und Helden-Steine.*

16 Tonpferde und -stiere des Gottes Aiyanar schützen in Südindien die Flur

17 Sati-Hände bezeugen den Opfermut von Frauen, die ihrem Gatten durch Selbstverbrennung in den Tod folgten. Sati-Stein der Festung Jodhpur

Sati-Stelen werden im Gedenken an diejenigen Frauen aufgestellt, die ihrem Gatten durch Selbstverbrennung in den Tod folgten. Vorbild für den freiwilligen Feuertod ist eine Legende von Uma, der Gattin des Shiva (vgl. S. 191). Auf Sati-Steinen werden Hände als Zeugnis des heldenhaften Opfermutes abgebildet oder figürliche Darstellungen der Ehegatten, denen eine gemeinsame Wiedergeburt im Götterhimmel verheißen wird (Abb. 17). Helden-Steine (Vira-kals) sind Erinnerungsmale für Hindu-Krieger, die im Kampf gegen die Muslims fielen oder bei aussichtsloser Belagerung oder Schlacht Selbstmord verübten. Viele dieser Heroen wurden im Volksglauben vergöttlicht, besonders in Rajasthan und in Vijayanagara.

II Gottesbegriff und theologische Hauptrichtungen

Der Hinduismus umfaßt Hoch- und Volksreligion, Philosophie, Sozialordnung und Lebensstil Indiens. Seine vielfältigen und teils widersprüchlichen Lehren sind das Spiegelbild einer mehrtausendjährigen kulturellen Entwicklung des Subkontinents. Allgemein verbindlich für alle Zweige dieses weitverästelten Baumes sind die Anerkennung des Veda als Göttliche Offenbarung und die Zugehörigkeit zur Ständeordnung angeblich göttlichen Ursprungs.

Ab etwa 500 v. Chr. verschmolz der vedisch-brahmanische Opferkult der Aryas (Arier) mit zahlreichen Lokalkulten und Stammesreligionen der unterworfenen Völker Indiens, vor allem der Dravidas des Industales, zum eigentlichen oder jüngeren Hinduismus. Unzählige widersprüchliche, weise und einfältige Mythen und Legenden wurden durch die Priester (Brahmanen) mit der Philosophie der Upanishaden und schamanistischem Yoga verquickt. In dieser Form konnte der Hinduismus im Gegensatz zu Jainismus und Buddhismus als Massenreligion überleben und ist noch heute der Grundpfeiler indischer Lebensart.

Der Hinduismus kennt kein einheitliches Dogma, das Höchste Wesen (das Absolute) wird unterschiedlich interpretiert und offenbart sich in unzähligen Formen mit verschiedenen Namen. Die zwischen etwa 400 v. und 400 n. Chr. entstandenen großen Heldenepen, das Mahabharata und das Ramayana, geben keine eindeutige Auskunft über den höchsten Gott. Meist ist dies Vishnu in seinen heldischen Inkarnationen als Krishna und Rama; andere Passagen sprechen jedoch von Shiva als größtem Gott.

Im Laufe der Zeit kristallisierten sich *drei theologische Hauptrichtungen* heraus. Zahllose Fehden der Priester um die Vormachtstellung der jeweiligen Hochgötter schlossen die Verehrung anderer Gottheiten in entsprechender Rangordnung nicht aus. Die Hochgötter Vishnu, Shiva, Durga entstammen dem Wesen nach großteils dem vorarischen Volksglauben, auch wenn zahlreiche Mythen sie mit der vedisch-brahmanischen Überlieferung der Aryas zu verbinden trachteten.

Die *Vaishnavas* oder *Vishnuiten* sehen *Vishnu* als Höchstes Wesen und absoluten Gott an, der sich periodisch in verschiedenen Formen inkarniert.

Die *Shaivas* oder *Shivaiten* verehren *Shiva* als höchste Macht des Alls, der sich in zahllosen Aspekten offenbart.

Die *Shaktas* und verschiedene *tantrische Sekten* sehen das Urprinzip der Welt weiblich; demnach emanieren alle Wesen aus der höchsten Gottheit *Mahalakshmi*, die vor allem als *Durga* und *Kali* eine Verkörperung der großen Muttergottheit ist.

In der hinduistischen Hochreligion gelten die unüberschaubar vielen Götter als unterschiedliche Offenbarungen des Höchsten Wesens, als Entfaltungen ein und derselben Wahrheit. Im Volksglauben werden diese verschiedenen Manifestationen meistens jedoch als selbständige Götter verstanden. So kann der Hinduismus theoretisch als monotheistisch bezeichnet werden, in der Praxis ist er jedoch polytheistisch.

III Die Puranas als Hauptquelle der Mythologie

Die ältesten heiligen Schriften Indiens sind die *Veden* (oder *der Veda* = heiliges Wissen), die als *ewige Göttliche Offenbarung* an überirdisch inspirierte Seher (Rishis) in Waldeinsiedeleien gelten. Der Veda umfaßt vier Samhitas (als wichtigsten den Rigveda), Waldtexte und philosophische Traktate, die Upanishaden. Nach jahrhundertelanger mündlicher Überlieferung innerhalb der Priestergeschlechter wurde die Göttliche Offenbarung in Alt-Sanskrit, der Sprache der vedischen Aryas – nach der Mythologie der Sprache der Götter – niedergeschrieben.

Im Gegensatz zum Veda gelten die *Überlieferungs-* oder *Traditionsschriften* als Werk begnadeter Menschen und haben nur für die Dauer einer Weltperiode Gültigkeit. Die wichtigsten hiervon sind das *Gesetzbuch des Manu,* des Ahnherren des Menschengeschlechts, die großen Heldenepen *Mahabharata* und *Ramayana* und die *Puranas.*

Die Puranas (= die alten Erzählungen) entstanden zwischen 2. und 10. Jh. n. Chr. und sind die Hauptquelle von Mythologie und Ikonographie. Als Werk vieler Generationen sind sie das Spiegelbild verschiedener Kulturstufen und -kreise und konkurrierender Gesellschaftsschichten, theologischer Systeme und Stammeskulte und daher keineswegs einheitlich, sondern vielfach sehr widersprüchlich.

Die Puranas schildern das Leben und Wirken der Götter, Halbgötter, Dämonen, Fabelwesen, Menschen und Tiere auf den drei Ebenen des Universums (Triloka oder Tribhuvana), nämlich Himmel, Erde und Unterwelt. So werden periodische Weltschöpfungen und Vernichtungen, Weltzeitalter, Sintfluten und mystische Weltbilder behandelt, Visionen von Heiligen und volkstümliche Legenden erzählt, Stammbäume von Göttern, Dämonen, Priestergeschlechtern und Königsdynastien erläutert sowie historische Abläufe, Stammes- und Klassenkämpfe, vater- und mutterrechtliche Divergenzen mythologisch erhöht und mit priesterlichen und philosophischen Spekulationen durchsetzt. Die Vielfältigkeit und Widersprüchlichkeit dieser Schriften erhellt vor allem daraus, daß sich ein einziges Urwesen in unerschöpflich vielen Formen und Namen in der Erscheinungswelt offenbart, die je nach theologischem System unterschiedlich interpretiert werden. Von den 18 großen Puranas sind je sechs auf die Götter Brahma (Schöpfung), Vishnu (Erhaltung) und Shiva (Zerstörung des Universums) bezogen.

Im Devi Mahatmya oder Chandipatha des Markandeya-Purana werden die Formen der Großen Göttin (Mahadevi) behandelt. Darüber hinaus gibt es noch verschiedenen anderen Göttern gewidmete kleinere Puranas. In den heiligen Schriften kann beispielsweise ein Gott völlig unterschiedlicher Herkunft sein (vgl. z. B. Skanda), weilen zwei Inkarnationen eines Gottes (Vishnu) gleichzeitig auf Erden und befehden einander (vgl. Parashurama und Rama), werden Fabelwesen in Serie zur Überwindung von Gottheiten wetteifernder theologischer Systeme hervorgebracht, gehen Shivaismus und Vishnuismus eine Verbindung in der Form miteinander ein, daß Shiva den Reizen der weiblichen Form Vishnus als Mohini erliegt und daraus eine Kombinationsform der beiden Hochgötter als Hari-Hara (Abb. 47) und der gemeinsame Sohn Aiyanar (Abb. 131, 132) entstehen etc.

IV Grundzüge der hinduistischen Bildsprache

1 Vom Sinnbild zum Kultbild

Der bilderlose vedisch-brahmanische Opfer- und Feuerkult wurde unter freiem Himmel durch Priester oder im Haus durch das Familienoberhaupt vollzogen. Erst die Verschmelzung mit dem vorarischen Volksglauben rückten Darshana und Puja, das »Sehen«, Schmücken, Speisen, Bekleiden, Baden, Anbeten und Umwandeln von Götterbildnissen, Tempeln und heiligen Bezirken, in das Zentrum des hinduistischen Kults.

Wie die meisten Künstler der Frühzeit scheuten sich auch die indischen, das Göttliche darzustellen: So führte der Weg vom anikonischen Sinnbild zum figürlichen Kultbild. Eines der ältesten Symbole ist das Hakenkreuz (Swastika), als Sonnen- oder Feuerzeichen (Abb. 18) im Industal und bei den vedischen Ariern im Bestattungsritual bekannt. Die beliebtesten Symbole der ersten Jahrhunderte vor der Zeitenwende sind Rad- und Sonnenzeichen, Strahlenkranz, Oval mit Pfeilspitzen, Berg, Baum, Stier, etc. Gottheiten wurden anfänglich als Stein, Tier oder abstraktes Sinnbild

18 Hakenkreuz (Swastika), uraltes Sonnen- oder Feuerzeichen und Glückssymbol

dargestellt. So ist Vishnus Zeichen die Fußspur (Paduka; Abb. 61) oder der Lotos, Shiva erscheint als Buckelstier, ei- oder phallusförmiger Stein oder als Dreizack. Der Buckelstier trat etwas später in Verbindung mit einer figürlichen Muttergöttin auf; allmählich wurde Shiva personifiziert und der Buckelstier zu seinem »Fahrzeug« (Vahana). Das Zeichen der Muttergöttin war anfänglich der Lotos, als Übergangsform eine Menschengestalt mit Lotoskopf (Abb. 19).

In der Abwendung vom Sinnbild gewannen die Götter zunehmend festumrissene individuelle menschliche Gestalt. Vorbilder für anthropomorphe Darstellungen finden sich in den Terrakotten der Muttergöttin sowie in Skulpturen von Natur- und Fruchtbarkeitsgenien (Yakshas und Yakshinis, Nagas und Naginis; Abb. 173, 179).

19 Lotosköpfige Muttergöttin, Übergangsform vom Sinnbild zur figürlichen Darstellung. Museum Hyderabad

In den ersten nachchristlichen Jahrhunderten lösten sich die Götterbilder von diesen Gestalten des Volkskults und erhielten durch die Brahmanen festgelegte ikonographische Formen. Erst die in den heiligen Büchern verankerte Bildsprache verwandelt »lebloses« Material in wirksame Kultbilder. Im Laufe der Zeit erfuhren verschiedene Bildtypen natürlich stilistische und regionale Abwandlungen; der Volksglaube ist nicht exakt an die Bildsprache der Hochreligion gebunden, so daß in volkstümlichen Götterbildnissen ikonographische Details fehlen oder entstellt sein können.

2 Visionen – Vielgliedrigkeit und Vielköpfigkeit

Die Götterfiguren entsprechen vielfach nicht anatomischer Wirklichkeit, vielmehr sind sie als Visionen zu verstehen, die Gegenstand der heiligen Bücher sind. Vielköpfigkeit und Vielgliedrigkeit werden nicht als monströs empfunden, sondern zeigen allumfassende Macht und Gegenwärtigkeit eines Gottes an. Die indischen Künstler scheuten sich nicht, mystisch geschaute Bilder in Stein zu hauen, zu schnitzen oder zu malen. Vielköpfigkeit bedeutet für sie *universelle Geistigkeit,* Vielgliedrigkeit zeigt *übernatürliche physische Kräfte* an. Solche phantastischen Bildnisse können aber auch insofern der Niederschlag brahmanischer Spekulationen sein, als konkurrierende theologische Systeme durch neue Legenden immer mehr Aspekte und Funktionen einer Gottheit darzustellen suchten oder verschiedene Sekten- und Lokalgottheiten zu einer komplexen, mehrköpfigen Gestalt zu verschmelzen. Die einzelnen Häupter werden dann zu verschiedenen Aspekten einer allumfassenden Gottheit, z. B. Vishnu als vierköpfiger Vaikuntha (Abb. 66) oder vielköpfiger Vishvarupa (Abb. 68) mit Subvarianten (Farbabb. 2), Shiva als dreiköpfiger Mahadeva (Abb. 98) oder fünf- oder mehrköpfiger Sadashiva (Abb. 99).

3 Zeichen der Polaritätenvereinigung

Die indische Kunst ist reich an figürlichen und symbolischen Darstellungen der Polaritätenvereinigung (im Chinesischen: Yin-Yang). Grundlage hierfür ist der *Tantrismus,* eine mystische Ganzheitsschau und esoterische Rituallehre, die alle indischen Religionen entscheidend beeinflußte. Der Tantrismus geht von der Ureinheit des Absoluten aus, versinnbildlicht durch Punkt oder Ei, das sich zur Hervorbringung der Erscheinungswelt in zwei polare Kräfte teilt (Abb. 20).

20 Dreieck (Trikona)

Urgeist (Purusha), Statik		Urmaterie, Natur (Prakriti), Kinetik
Mann	*Geschlecht*	Weib
Dreieck nach oben		Dreieck nach unten
	Symbole	
Phallus (Linga)		Mutterschoß (Yoni)
Himmel oder Sonne	*Im kosmischen Sinne*	Erde oder Mond
Stier	*Tiergestalt*	Kuh

Unzählige solcher Polaritätenpaare (Abb. 20–22) durchziehen die Bildsprache des Hinduismus.

Jedem Gott als Verkörperung des statischen Urgeistes ist eine *weibliche Energie (Shakti)* als Personifizierung der hervorbringenden, wandelbaren Natur oder Urmaterie zugeordnet. *Liebespaare (Mithuna* oder *Maithuna)* werden häufig, auch in Kopulation, als Abbild des Urzeugungs- und Schöpfungsaktes dargestellt (Abb. 23, 24).

In tantrischen Kulten spielen *Yantras* und *Mandalas,* magisch-mystische Diagramme zur Meditation über die Wesensgleichheit von Makro- und Mikrokosmos und die Verwobenheit von Transzendenz und empirischer Welt, eine große Rolle (Abb. 25). Das

21 Rad mit Zeichen der Ureinheit (Punkt) und der polaren Kräfte. Mann: Dreieck nach oben, Frau: Dreieck nach unten, Vereinigung der Polaritäten: Hexagramm. Museum Hyderabad

22 Die Vereinigung der Polaritäten als Linga (Phallus), in diesem Falle als Gesichtslinga, und Yoni (Vulva). Die Yoni dient gleichzeitig als Abfluß für Wasser und Schmelzbutter. Pashupatinath bei Kathmandu, Nepal

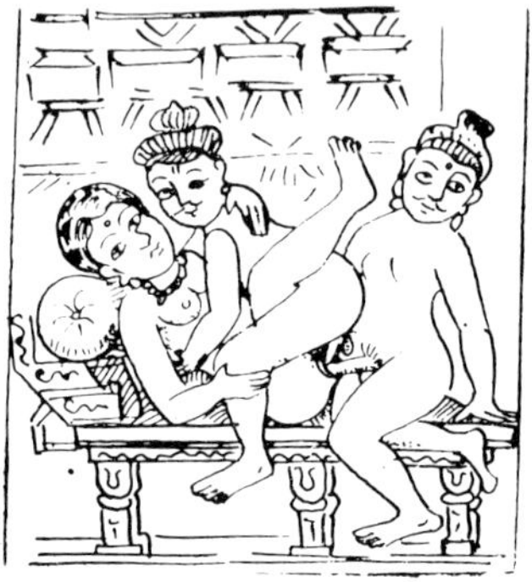

23, 24 Erotische Szenen. Holzschnitzereien aus Patan, Nepal

bekannteste Yantra ist das der Göttin Shri. Yantras zeigen meist den Punkt als Zeichen der Ureinheit (Bindu = Äthersame, erste Manifestation des Absoluten zur Erscheinungswelt), aus dem sich die göttlich-kosmische Energie in männliches und weibliches Prinzip (Dreiecke nach oben und unten) teilt und immer weiter aufsplittert. Das Meditationsziel ist die Erkenntnis der Ureinheit des Absoluten und das Aufgehen des Bedingten im Unbegrenzten, was mit Erlösung gleichzusetzen ist. Volkstümliche Varianten und Vereinfachungen von Yantras und Mandalas sind Rangolis, Alpanas oder Kolams (Abb. 13).

25 Yantras sind geometrische Wiedergaben göttlicher Energie in tantrischen Kulten. Der Punkt bedeutet die Ureinheit des Göttlichen, Dreiecke nach oben und unten die Vereinigung des männlichen und weiblichen Prinzips zur Hervorbringung der Erscheinungswelt, der Lotoskranz zeigt die geistige Wiedergeburt an. Die Meditation über die Verwobenheit der transzendenten und empirischen Welt soll zu höherer Vergeistigung und letztlich zur Vereinigung mit dem Absoluten führen

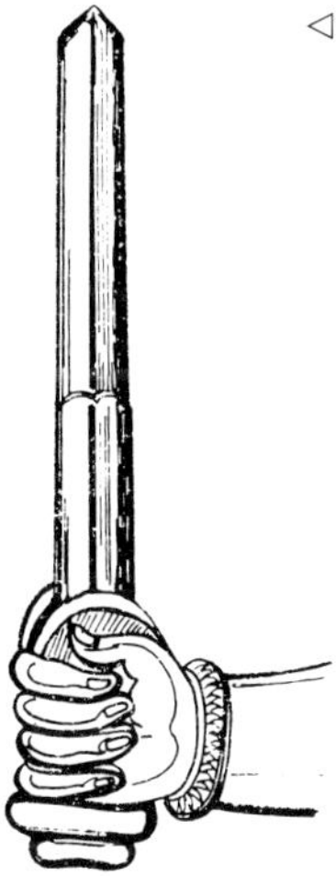

◁ 26 Schwert (Khadga): aktiv, Zerschlagen der Knoten der Unwissenheit, Erkenntnis. Das Abschneiden der Wurzeln geistiger Stumpfheit wird auch durch verschiedene Messerformen oder das Opferbeil (Parashu) angezeigt

27 Schild (Khetaka): passiv, Zeichen des Dharma, der im Göttlichen ruhenden kosmisch-ethischen Ordnung, die wie ein Schild schützt. Der Dharma wird auch durch das Rad (Cakra) versinnbildlicht

Aktiver Erlösungsweg und *passives Erlösungsziel* werden häufig als Attribute von Gottheiten angezeigt (Abb. 26, 27).

Zeichen des tantrischen Erlösungsweges sind auch Elefantenstachelstock (Ankusha; Abb. 156) und Schlinge (Pasha; Abb. 163). Bogen (Dhanus) und Pfeil (Bana) vergegenwärtigen das Ausrichten und Zielen zum Absoluten.

4 Tanz als Grundlage der Körpersprache

Die indische Kunst zeichnet Freude an der Schönheit des Lebens in allen seinen Phasen als Brücke zum Göttlichen aus, sie ist durchdrungen von tiefer Naturverbundenheit, starker Sinnlichkeit und Musikalität. Der Sinnesfreude steht die Askese gegenüber, die jedoch nicht als Weltverachtung an sich zu verstehen ist, sondern der Erkenntnis entspringt, daß alle Herrlichkeiten doch nur ein schwacher Abglanz des Göttlichen sind. Gestalten und Gesichter werden in der bildenden Kunst vielfach idealisiert, doch fehlen im Dienste des Erlösungsweges auch Häßliches, Furchterregendes, Groteskes und grob Realistisches nicht.

Aus der Tanzkunst entwickelten die Künstler einen Kanon von symbolhaltigen Stellungen und Sitzposen (Sthanas und Asanas), Arm- und Handhaltungen (Hastas und Mudras).

»Lebenshauch« und Spannkraft erfüllt die Gestalten, ihre Glieder sind biegsam, schlangengleich rankend und von tänzerischem Rhythmus durchdrungen. Der Prototyp indischer Skulpturen sind vor Lebensfülle strotzende Fruchtbarkeitsdämonen (Yakshas und Yakshinis). Frauen strahlen Sinnlichkeit und Anmut aus, die Brüste sind prall, Taillen schmal und die Hüften weit ausladend. Starke Beugungen (zwei- und dreifache Abweichungen von der Hauptlinie, die eine Figur durchzieht) sind im Tragen von Lasten auf den Hüften begründet. Der Gebrauch offener Sandalen führte zu einem überaus komplizierten Fußwerk.

Der Hintergrund ganzer Erzählungen und feinste Schattierungen des seelischen Ausdrucks werden durch Körpersprache und Mienenspiel veranschaulicht. Die indische Kunst kennt neun Grundstimmungen (Rasas): Liebe, Komik, Mitleid, Heroismus, Erstaunen, Ruhe, Furcht, Ekel und Wildheit. Über die Grundstimmung einer Darstellung ziehen dann noch wechselhafte Gemütsbewegungen in verschiedenen Abstufungen hinweg, die durch äußere Gegebenheiten ausgelöst werden können, z. B. einen Windhauch, Blumenduft, ein fliegendes Vogelpaar, den aufgehenden Mond etc. In jedem Rasa gibt es noch zwei polare Faktoren, nämlich Vereinigung oder Trennung.

5 Körperhaltungen und symbolhaltige Gesten

Körperhaltungen (Sthanas und Asanas) geben die Laune und Funktion einer Gottheit wieder; sie reichen von verschiedenen Standhaltungen bis zu den unterschiedlichsten Tanzvarianten, Sitz- und Liegepposituren (Abb. 28–32).

Asana oder Pitha bezeichnet auch verschiedene Sockel- und Konsolvarianten, z. B.: Lotossockel (Padmasana), Schlangensockel

28 Tribhanga: dreifache Beugung

29 Alidhasana: Pose des Angriffs (nach rechts oder links ausfallende Haltung)

30 Lalitasana: Haltung der Lässigkeit oder Entspannung

31 Vajrasana-Diamanthaltung: Yoga-Sitz mit den Handrücken auf den Fußsohlen

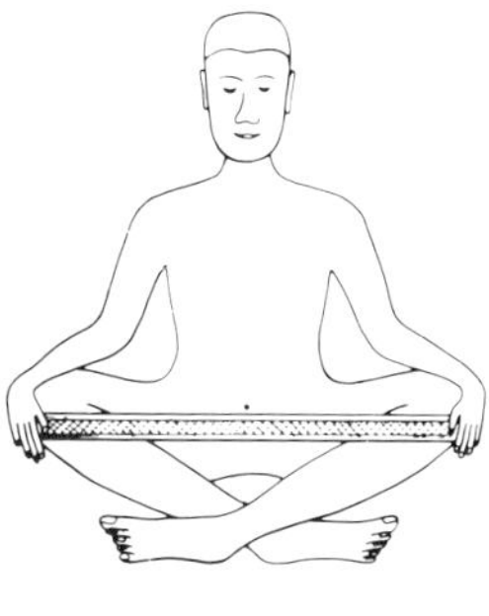

32 Yoga-Positur mit Yoga-Band, die Hände hängen herab

33–41 Symbolhaltige Gesten (Mudras und Hastas)

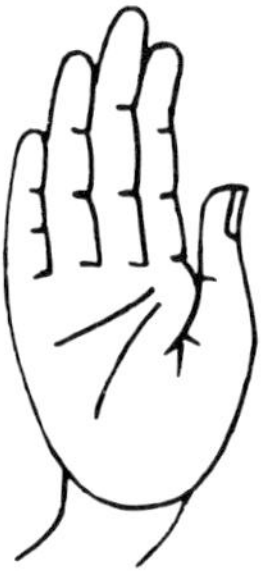

33 Abhaya: Gewährung von Schutz

34 Vara(da): Gewährung von Gnade

35 Vitarka: Erklärung, Lehre

36 Jnana: Wissen

37 Vismaya: Erstaunen

38 Anjali: Gruß oder Gebet, Verehrung

39 Tarjani: Drohen (Zeigefinger nach oben)

40 Suci: nachdrückliches Hinweisen (Zeigefinger nach unten)

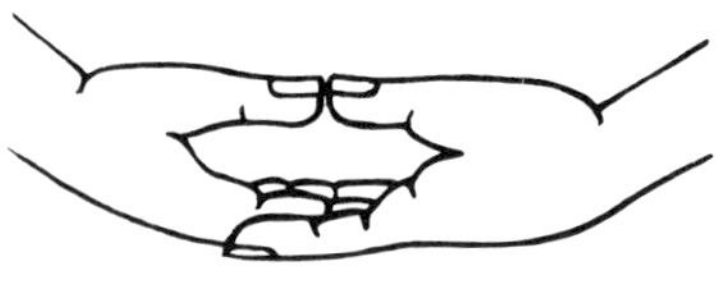

41 Dhyana: Meditation

oder -bett (Anantasana oder Nagasana), Löwensockel (Simhasana), Schildkrötensockel (Kurmasana), Krokodil-Elefanten-Sockel (Makarasana) etc.

6 Maßeinteilungen

In den heiligen Büchern sind die Maßeinheiten und ein kompliziertes Spannensystem (eingeschriebene Dreiecke etc.) für figürliche Darstellungen genau festgelegt. Als Maßeinheit gilt die *Gesichtslänge* (Tala, Tamil: Talam), die in zwölf Fingerbreiten (Angula) und noch weiter unterteilt wird. Das Mindestmaß für besonders kleine Begleitfiguren beträgt fünf Talas, das normale menschliche Maß acht Talas. Niedere Gottheiten sind neun Talas hoch, große Götter zehn Talas, im heroischen oder grimmigen Aspekt können sie zwölf, 14 und mehr Talas betragen. Göttinnen sind in Verbindung mit ihrem männlichen Partner stets wesentlich kleiner dargestellt.

7 Ausstattung

Die Ausstattung von Kultbildern, wie Kronen, Haartracht, Schmuck, Kleidung, Stirnauge, Heilige Schnur, vor allem jedoch Attribute sowie Reit- und Begleittiere sind wichtige Merkmale für die Entschlüsselung der Bildsprache.

a) Kleidung und Schmuck

Nackte Figuren heißen Digambara = »bekleidet mit den Himmelsgegenden«. Die Kleidung besteht aus dünnen Hüfttüchern und Beinkleidern, bei zornvollen Manifestationen aus Tierhäuten, vor allem von Tigern, Leoparden oder Elefanten. Frauen können Brustbänder (Abb. 91) tragen, die bei zornvollen Göttinnen aus Schlangen, Schädeln, Knochen etc. bestehen. In Malereien sind Frauen oft in Saris (Farbabb. 20) oder Regionaltrachten (Farbabb. 16) gehüllt.

Schmuck: Kronen, Diademe, Ohrringe, Armreifen, Oberarmspangen, Fußringe, Kolliers, Hüftschmuck, vor allem breite Gürtel. Friedvolle Manifestationen tragen Schmuck aus Juwelen, Blumen, Girlanden u. ä., zornvolle aus Schlangen, Knochen, Schädeln, abgehackten Händen etc.

Ausstattung von Yogis, Asketen, Rishis: Asketenknoten oder verfilzte Haarmähne, Antilopen- oder Raubkatzenfelle als Sitzdecke, Lendenschurz oder Umhang und/oder Heilige Schnur, Yoga-Band um die Knie geschlungen.

Brustjuwel und Waldkranz (Girlanden bis zu den Knien) sind typisch für vishnuitische Gottheiten, Stirnauge für shivaitische.

b) Die Heilige Schnur

Die Heilige Schnur (Yajnopavita; Abb. 42) wird Knaben der oberen drei Hindu-Stände (Brahmanen, Kshatriyas, Vaishyas) bei der Initiationsfeier zum Studium der heiligen Schriften unter Anleitung eines Guru umgelegt. Damit werden sie zu »Zweimalgeborenen«, d. h. zu geistig Wiedergeborenen; die Masse der Shudras bleibt

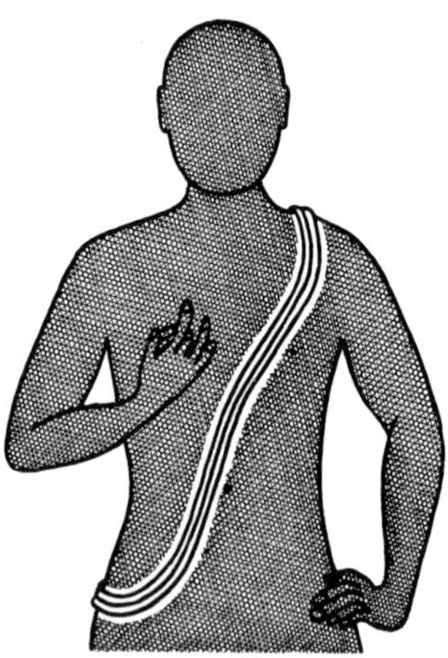

42 Die Heilige Schnur besteht bei friedvollen Gottheiten (männlich und weiblich) aus Stoff, Perlen, Blumen, Girlanden o. ä., bei asketischen Manifestationen (z. B. Shiva) aus Antilopenfell, bei zornvollen Gottheiten aus Schlangen, Knochen, Schädeln etc.

hiervon ausgeschlossen. Die Heilige Schnur fällt von der linken Schulter zur rechten Hüfte und versinnbildlicht die Verwobenheit der empirischen und transzendenten Welt und die unlösbare Verbundenheit mit dem Ursprung aller Wesen (dem Absoluten oder einem Hochgott).

c) *Kopfbedeckungen und Haartrachten*

In den ältesten Darstellungen der ersten vor- und nachchristlichen Jahrhunderte tragen Gottheiten Mützen, Kronen und Diademe, teilweise persisch-sasanidischen Typs, und Turbane (Ushnisha; auch Bezeichnung für den Kopfauswuchs buddhistischer Darstellungen). Wie viele Embleme erfuhren auch Kopfschmuck und Frisuren komplizierte Varianten, stilistische und regionale Abwandlungen. Die wichtigsten Kronen (Mukuta) und Haartrachten (Dhamilla) der klassischen Ikonographie zeigen die Abb. 43–46.

d) *Embleme*

›Waffen, Werkzeuge‹ (Ayudha) zeigen verschiedene Funktionen, Aspekte und Gemütszustände einer Gottheit entsprechend den dahinterstehenden theologischen Systemen an. Eingeweihte, denen der Hintergrund einer Legende bekannt ist, können die Bildsprache »lesen«. Embleme werden meistens von einer Gottheit getragen, können sie jedoch auch umgeben oder von Begleitfiguren gehalten werden; seltener ist die Personifizierung von Emblemen als Ayudha-Purushas (Abb. 66). Oft erfuhren Embleme Wandlungen von primitiven Waffen zu esoterischen Sinnbildern. So unterstützen beispielsweise Schwert und Schild oder Pfeil und Bogen den tantrischen Erlösungsweg. Mit den großen Götterkreisen stehen charakteristische Embleme in Verbindung:

Brahma, Sarasvati, Agni: Priester- und Opferkult (Abb. 48–51, 57);
Vishnuitischer Götterkreis: Licht(Sonnen)zeichen, Schöpfung und Erhaltung des Kosmos (Abb. 62–65);

◁ 43 Flechtenkrone (Jata-Mukuta) für Shiva und Brahma; Symbol für das Absolute. Shivaitisch sind Halbmond, Stirnauge und drei waagerechte Striche als Stirnmal

44 Königskrone, hohe Juwelentiara (Kirita-Mukuta) für Vishnu als Himmelskönig

45 Topfkrone (Karanda-Mukuta) für Göttinnen, entwickelt aus übereinandergestaffelt getragenen Töpfen am Kopf. Die Töpfe können zu Scheiben zusammengedrückt werden

46 Flammenhaar (Jatajvala) für destruktive Manifestationen, wie Shiva in Bhairava-Formen, Kali, Chamunda u. a. Typisch für sie sind auch furchterregendes Äußeres, Stirnauge, Hauer, Schädel- und Knochenschmuck

Shivaitischer Götterkreis: Fruchtbarkeits- und Vernichtungsattribute (Feuerzeichen), Asketenaspekt (Abb. 93–96).
Die Embleme weiblicher Gottheiten entsprechen vielfach denen ihrer männlichen Partner. Spezifische Embleme:
Indra: Donnerkeil und Elefantenstachelstock (Abb. 155, 156);
Varuna: Schlinge (Abb. 163);
Parashurama: Beil (Abb. 79);
Sarasvati, Vina-Dakshina-Murti, Narada: Stabzither (Abb. 55, 56, 109).

e) Tiere als »Fahrzeuge« von Gottheiten

Figürlichen Götterdarstellungen sind Reit-, Begleit-, Thron- oder Symboltiere zugeordnet (*Vahana* = »Fahrzeug«, »Gefährt«). Darüber hinaus spielen Tiere als selbständige Götter und als Bildzeichen eine sehr bedeutende Rolle (vgl. Glückszeichen und Symbole als Bauschmuck, S. 24; Vom Sinnbild zum Kultbild, S. 35; Heilige Tiere und Tiergottheiten, S. 241).

Die wichtigsten Vahanas sind:
Buckelstier (Nandi-Bulle): Shiva;
Sonnenadler Garuda: Vishnu, Lakshmi (oder Vaishnavi);
Ananta- oder *Shesha-Schlange:* Vishnu als kosmischer Gott (Narayana und Adimurti);
Löwe: Uma, Parvati, Durga (letztere auch auf einem *Tiger*);
Pfau: Sarasvati, Karttikeya (oder Skanda), Kaumari;
Ratte: Ganesha;
Pferd(e): Sonnengötter, besonders Surya;
Elefant: Indra, Indrani;
Seeungeheuer Makara: Liebes- und Wassergötter, wie Ganga, Varuna, Varuni, Kama;
Widder: Opfer- und Feuergott Agni;
Antilope: Mondgott Soma (Chandra), Windgott Vayu;
Büffel: Todesgott Yama;
Wildgans Hamsa: Brahma, Sarasvati (oder Brahmani);
Papagei: Liebesgötter Kama und Rati (letztere auch auf einer *Ente*);

Schildkröte: Yamuna;
Eule, Schakal, Esel: destruktive Aspekte der großen Göttin, wie Chamunda, Shitala, Kalaratri.

Die großen Götterfamilien und -klassen

I Kombinationsformen der Hochgötter: Trimurti, Hari-Hara

Bereits in früher Zeit wurden Brahma, Vishnu und Shiva zu einer Triade vereint, die als *Trimurti* = *dreifache Erscheinung* (ein Gott in drei Gestalten) bezeichnet wird. Diese Dreifaltigkeit entspricht den *drei Prinzipien (Gunas* = »Fäden«, »Eigenschaften«), die nach der Samkhya-Philosophie den Kosmos durchwalten:

Rajas: »Staub«, Leidenschaft, Energie, Fessel an die Wiedergeburt, Einleitung einer neuen Weltperiode, Schöpfung;
Sattva: »Güte«, Licht, Wissen, kommt dem Urgeist (Purusha) am nächsten, Erhaltung;
Tamas: »Finsternis«, Trägheit, Hemmung des Erlösungsprozesses, Vernichtung.

Auch die Ursilbe OM, hervorgegangen aus dem Ausatmen beim Yoga: A-U-M, bezieht sich auf den dreifach wirkenden Gott bzw. die drei Gunas: A = Brahma oder Rajas, U = Vishnu oder Sattva, M = Shiva oder Tamas. Nach der hinduistischen Theologie bewirkt Brahma im Rajas-Guna eine neue Schöpfung der Welt, erhält sie Vishnu im Sattva-Guna und vernichtet sie Shiva im Tamas-Guna (besser: verwandelt sie, da Zerstörung die Voraussetzung für neues Werden ist).

Trimurti-Darstellungen wurden nie populär und sind nur selten anzutreffen. Vishnuiten und Shivaiten sehen vielmehr alle drei Funktionen und Aspekte, nämlich Schöpfung, Erhaltung und Vernichtung des Kosmos in ihrem Hochgott vereint. Abbildungen Shivas als universeller, dreifach wirkender Gott heißen Mahesha-Murti (Abb. 98). Eine Kombinationsform der drei Götter in der

47 Die Verbindung von Vishnu (Hari) und Shiva (Hara) zu einer Gestalt (Hari-Hara). Die rechte Seite der Gottheit ist Shiva, erkennbar an Dreizack, Flechtenkrone, Schädelkranz um das Knie und Nandi-Bullen; die linke Seite ist Vishnu, erkennbar an Rad, Muschel, Blumenkranz bis zum Knie, Königskrone. Hari-Hara-Tempel in Osian

vishnuitischen Ikonographie ist Dattatreya, ein heiliger Asket und himmlischer Lehrer, in dem sich Teile Brahmas, Shivas und überwiegend Vishnus vereinen.

Wesentlich häufiger ist die Verbindung der beiden Hochgötter Vishnu und Shiva als *Hari-Hara* (auch Hari-Shankar oder Narayana-Shankar; Abb. 47), das Ergebnis priesterlicher Spekulation mit der Absicht, Shiva in vishnuitischen Gebieten – vornehmlich Nordindien – ebenso populär zu machen.

Darstellung:

Rechte Seite der Figur: Shiva (Hara)	linke Seite: Vishnu (Hari)
Flechtenkrone	Königskrone
Dreizack, eventuell Sanduhrtrommel	Rad, eventuell Muschel
(asketischer Aspekt des Gottes)	(königlicher Aspekt des Gottes)

Legende: Vishnu nahm bei der Gewinnung des Unsterblichkeitstrankes Amrita die Gestalt der himmlischen Nymphe *Mohini* (Abb. 71, 72) an. Shiva verliebte sich und umarmte sie; in demselben Augenblick zeigte Vishnu seine wahre Gestalt. In südindischer Version entsproß der Gott *Aiyanar* (Abb. 131, 132) dieser Verbindung. Hari-Hara ist daher auch eine Mann- weibliche Darstellung Gottes, wobei Vishnu die linke weibliche Seite und Shiva die rechte männliche bildet. Das Gegenstück in der shivaitischen Ikonographie ist Ardhanar-Ishvara (Abb. 122).

II Brahma und seine Gemahlinnen

1 Brahma

Vedisch-brahmanischer Opfergott, hinduistischer Schöpfergott (oder personifizierter Schöpferaspekt Vishnus), in der Namensform Brihaspati ist er der Weltenhüter des Zenits.

Hauptmerkmale: In frühen Skulpturen jugendlicher Mann, ab dem Spätmittelalter mit Bart, *vier Köpfe* (ursprünglich fünf), Flechtenkrone (Jata-Mukuta; Abb. 43, 54), vier Arme, rote oder goldene Körperfarbe, Heilige Schnur, weiße Kleidung, schwarzes Antilopenfell.

Gemahlinnen: Sarasvati oder Savitri, manchmal Gayatri (Farbabb. 14, 20).

Tier und Sockel: Lotos (Padmasana), *weiße Wildgans* (Hamsa), seltener sieben Wildgänse, die oft als Schwäne bezeichnet werden.

48–51 Priesterliche Attribute

48 Opferlöffel (Shruk) zum Schöpfen von Schmelzbutter (Ghi)

49 Opferkrug (Kamandalu) für den Wasserguß

50 Buch, Palmblatt-Manuskript des Veda (Pustaka)

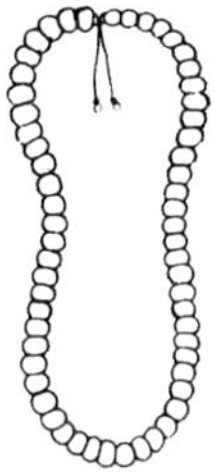

51 Gebets- oder Rosenkranz (Akshamala), Attribut von Asketen. 50 Perlen entsprechen den Buchstaben des Alphabets, 81 oder 108 den heiligen Zahlen als Synonym für Unendlichkeit

Symbolik: Die vier Köpfe versinnbildlichen die vier Samhitas der Göttlichen Offenbarung (Veda), die vier Weltzeitalter oder Kardinalpunkte des Universums. Die Embleme weisen Brahma als obersten Opferpriester und Hüter der heiligen Schriften aus, Flechtenkrone, Antilopenfell und Gebetskranz sind darüber hinaus Attribute von Asketen. Der Lotossockel ist das Zeichen der Schöpfung, die hochfliegende Wildgans das der geistigen Wiedergeburt, sieben

52 Der vierköpfige jugendliche Schöpfergott Brahma (drei Häupter sichtbar) vor dem Opferfeuer, umringt von Rishis und Apsaras mit Wedeln aus Yakschweifhaar, Huldigungsattribute für Götter und Könige. Südindische Holzschnitzerei

54 Der vierköpfige Schöpfergott Brahma mit Flechtenkrone (Jata-Mukuta) vor einer Lotosblüte mit seiner Gattin Sarasvati. Als Attribute hält er rechts einen Opferlöffel, in der linken Hand ein Palmblatt-Manuskript des Veda. Museum Delhi

◁ 53 Der vierköpfige Schöpfergott Brahma mit Bart, seine zwei Frauen Sarasvati und Gayatri als Begleitfiguren, darüber Yogis mit Yoga-Band; am Sockel sein Vahana, die Wildgans Hamsa. Museum Kathmandu

Wildgänse symbolisieren die sieben oberen Zonen des kosmischen Goldeies und universelle Macht (Abb. 52–54).

Beinamen: Svayambhu = der aus sich selbst Existierende; *Kamalasana* = der auf dem Lotos Sitzende; *Hiranyagarbha* = Goldei, goldener Mutterschoß; *Prajapati* = Herr der Geschöpfe; *Pitamaha* = großer Patriarch; *Caturmukha* = Viergesicht; *Brihaspati* als Planetengott Jupiter und Weltenhüter des Zenits; *Adikavi* = der erste Poet.

Herkunft, Bedeutung, Wandlung: Brahma nahm in vedisch-brahmanischer Zeit einen sehr hohen Rang ein, ab dem Mittelalter ging seine Bedeutung stark zurück. Einst galt er als Verkörperung des Brahman, des transzendenten Absoluten oder der Weltseele, aus der alle Wesen hervorgehen. Im Brahman ist auch der Dharma, die kosmisch-ethische Weltordnung und die Vorherrschaft des Priester- und Gelehrtenstandes (Brahmanen) begründet. In den ältesten Texten läßt sich das Brahman grob mit dem »Heiligen« gleichsetzen, das sich im Ritual kundtut, dessen Hüter die Brahmanen sind. Durch ein kompliziertes Opfermonopol suchten sie Volk und Adel und sogar die Götter (durch die Zubereitung des Unsterblichkeitstrankes Amrita oder Soma) und den Lauf des Kosmos von sich abhängig zu machen. So wurden die Brahmanen auch mit der Schöpfung und Erhaltung des Universums in Verbindung gebracht und Brahma zur Verkörperung des Schöpferaspekts des Absoluten. Im jüngeren Hinduismus sind je nach theologischer Richtung Vishnu oder Shiva mit dem Brahman identisch, und Brahma fungiert nur mehr jeweils für eine Weltperiode als Schöpfergott. Nach einer Ruhepause entfaltet sich das Brahman wieder zur Erscheinungswelt, und ein neuer Brahma verleiht Kosmos und Lebewesen Gestalt. Brahma ist daher im Gegensatz zu Vishnu und Shiva kein universeller und ewiger, sondern ein zeitlich begrenzter und deshalb ihnen untergeordneter Gott, dem nur ein Tempel in Indien, nämlich in Puschkar bei Ajmer, geweiht ist. Von der Entstehung des heiligen Puschkarsees in Rajasthan erzählt das Lotos-Purana. Brahma sollen drei Lotosblüten aus den Händen entfallen sein; als sie die Erde berührten, quoll Wasser aus den Dünen der Wüste Thar hervor.

Nach den heiligen Schriften ging Brahma aus dem kosmischen Goldei oder Urkeim hervor oder entsproß, auf einer Lotosblüte sitzend, dem Nabel des ruhenden Vishnu-Narayana (Farbabb. 4). Zur Untermauerung der Oberhoheit Vishnus und Shivas über Brahma wird dieser auch vielfach als Ahnherr der Feinde des Vishnu in seinen Inkarnationen (z. B. des Ravana) und als Schützer götterfeindlicher Dämonen geschildert. In einigen Puranas wird Brahma immer mehr von Vishnu absorbiert; die Vaishnavas ordnen ihn Vishnu unter, geben ihm aber Oberhoheit über Rudra-Shiva, der seiner Stirn entsprungen sein soll. Die Shaivas hingegen sehen ihren Hochgott Shiva als ständigen Erneuerer des Universums, der Brahma das fünfte Haupt abschlägt oder als Wagenlenker benützt (Abb. 116).

Legende vom Verlust des fünften Kopfes: Als Schöpfergott entließ Brahma aus sich seine Tochter Shatarupa, das erste Weib. Er betrachtete sie in sinnlichem Entzücken, wobei ihm Köpfe in allen Himmelsrichtungen wuchsen, der fünfte als Shatarupa seinen Nachstellungen entfliehen wollte und zum Himmel aufstieg. Dem Inzest Brahmas mit seiner Tochter entsproß Manu, der erste Mensch (nach einem anderen Mythos ist Shatarupa das Weib, nicht die Mutter des Manu). Shiva schlug Brahma zur Sühne für den Inzest das fünfte Haupt ab. Nach dem Kurma Purana nahm Brahma vor den Rishis die Erschaffung des Universums für sich in Anspruch, Shiva schlug ihm in seiner Bhairava-Form (Abb. 111) wegen dieser Lüge das fünfte Haupt ab, und Brahma anerkannte Shivas Oberhoheit über alle Götter.

2 Sarasvati, Savitri, Gayatri

Sarasvati (die Fließende) war ursprünglich eine vedische Flußgöttin (vgl. Flußgöttinnen, S. 215), später wurde sie mit Vac (Rede, heiliges Wort) identifiziert und die erste Gemahlin Brahmas. Hinduistische Göttin der Wissenschaft und Kunst, in der Namensform Brahmani oder Brahmi eine der Sieben oder Acht Mütter (Abb. 148).

Hauptmerkmale: Schöne, reichgeschmückte Frau, Farbe weiß, meist einköpfig, als Muttergöttin vierköpfig, Stirnauge, meist vier Arme in verschiedenen Mudras, vor allem Geste der Argumenta-

55 Sarasvati mit ihrem Hauptattribut, der Stabzither (Vina), auf einem Pfau

tion, und Embleme haltend, Einzeldarstellungen stehend, sitzend in Yoga-Haltung oder Lalitasana, in Südindien tanzend (Abb. 57, 58). Darstellungen stehend oder sitzend mit Brahma, seltener mit Vishnu, Lakshmi, Ganesha.

Tier und Sockel: Pfau (Mayura; Abb. 55), Wildgans, Lotos.

Embleme: Stabzither (Vina) als Patronin von Musik und Tanz (Abb. 56), Palmblatt-Manuskript als Erfinderin der Sanskrit-Sprache und Devanagari-Schrift. Ihre Zugehörigkeit zu Brahma wird auch durch Attribute des Opfer- und Schöpfergottes, wie Heilige Schnur, Opferkrug, Gebetskranz und Lotos angezeigt. Als tantrische Göttin kann sie auch Embleme tragen, die mit aktivem und passivem Erlösungsweg und -ziel oder Polaritätenvereinigung in Verbindung stehen, so Elefantenstachelstock, Schlinge, Pfeil und Bogen, Schwert und Schild etc. (Farbabb. 14), ferner vishnuitische Attribute, wie Rad, Keule, Muschel, oder shivaitische, wie Sanduhrtrommel, Glocke, Beil, Schädelschale.

Beinamen: Brahmi oder *Brahmani* als Muttergöttin; *Mahavidya* = großes Wissen; *Vac* = Rede, Logos; *Shatarupa* = Hundertform; *Maha-Sarasvati, Arya, Jagaddhatri* etc. Mit Sarasvati wird meist *Savitri,* manchmal auch *Gayatri* identifiziert. In der Sonnenverehrung entspricht dies drei Phasen des Gestirns: Gayatri ist die Kraft

56 Sarasvati mit der Stabzither (Vina). Detail aus einer Vishnu-Plastik, Museum für Indische Kunst, Berlin

57 Sarasvati in Yoga-Haltung. In den oberen Händen hält sie Elefantenstachelstock (Ankusha) und Schlinge (Pasha), Zeichen des Leitens der Seelen am Erlösungsweg aus der Fessel der Wiedergeburten. In der rechten unteren Hand hält sie einen Gebetskranz. Tempel von Halebid

58 Die sechsarmige Sarasvati mit den Attributen Elefantenstachelstock und Schlinge. Tanzformen der Sarasvati kommen in Südindien vor. Tempel von Halebid

der aufgehenden Sonne, Savitri der dynamische Aspekt, Sarasvati die Abendsonne, als solche bedeutet sie auch Vernichtung und Tod.

Legenden: Im Skanda-Purana wird die Legende von *Gayatri* als selbständige Göttin erzählt: Brahma vollzog einst als oberster Priester der Götter ein Opfer, an dem auch die Gattin des Brahmanen teilnehmen mußte. So sandte er nach Savitri, die jedoch sehr lange mit ihrer Toilette beschäftigt war. Als die Götter nicht mehr länger warten wollten, verheirateten sie Brahma mit Gayatri, der Tochter eines armen Weisen. In Wirklichkeit war sie jedoch die Verkörperung des vedischen Versmaßes (der Gayatri- oder Savitri-Strophe aus dem Rigveda III an die aufgehende Sonne, das Morgengebet der Hindus) und daher die Mutter der »Zweimalgeborenen«, d. h. der durch das Studium des Veda geistig Wiedergeborenen. Wutentbrannt über die Heirat Brahmas mit Gayatri verfluchte Savitri die Götter Indra, Vishnu, Rudra, Agni und Brahma. So sollte Brahma nur mehr in einem Tempel Indiens, in Puschkar, verehrt werden, Rudra-Shiva verlor seine Männlichkeit und wird daher nur mehr im Zeichen des Phallus (Linga) verehrt, Vishnu wurde als Hirt Krishna der Gott niederer Stände, Agni mußte als Feuergott Reines und Unreines verzehren.

In einigen Hymnen ist Gayatri das einzige Weib Brahmas; Sarasvati (Pushti) kann auch mit Ganesha verbunden sein und trägt in diesem Falle shivaitische Attribute.

Darstellung der Gayatri: Schöne, fünfköpfige Göttin, auf Lotos sitzend, verschiedene Embleme, vor allem Lotos (Farbabb. 20).

Nach einer vishnuitischen Erzählung aus Bengalen hatte Vishnu ursprünglich drei Frauen, nämlich Lakshmi, Sarasvati und Ganga. Lakshmi, die Göttin der Schönheit und des Reichtums, und Sarasvati, die Patronin der Gelehrsamkeit, stritten ständig miteinander, weil materielle und geistige Güter selten zusammen harmonieren. Da Vishnu das Gezänk seiner Frauen nicht länger ertragen wollte, trat er Sarasvati an Brahma und Ganga an Shiva ab; er selbst behielt nur mehr Lakshmi.

III Der vishnuitische Götterkreis

1 Vishnu

Hinduistischer Hochgott, für die Vaishnavas der absolute Gott, der sich vielfältig offenbart als *Vyuha = Erscheinung* oder sich periodisch auf Erden als *Avatara = Herabstieg* verkörpert. In der Hindu-Dreifaltigkeit = Trimurti vertritt Vishnu die Erhaltung des Universums, Licht und Güte. Aus shivaitischer Sicht ist er Shiva untergeordnet.

Hauptmerkmale der Grundform: Einköpfig mit hoher *Königstiara* = Kirita-Mukuta (Abb. 44), *blaue Körperfarbe, Brustjuwel* = Shrivatsa oder Kaustubha (Abb. 59), *Waldkranz* = Vanamala oder Blumengirlande bis zu den Knien, vier Arme.

Die Attribute Rad, Keule, Lotos und Muschelhorn (Abb. 62–65) werden auch von vishnuitischen Gottheiten, beispielsweise von

59 Verschiedene Formen des Brustjuwels

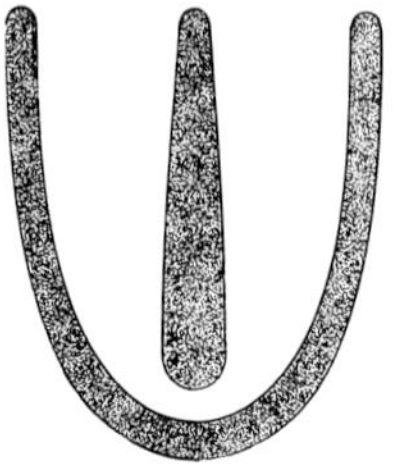

60 Das Stirnmal (Tika oder Tilaka) der Vishnuiten versinnbildlicht die drei Schritte Vishnus (vgl. die fünfte Avatara als Vamana, S. 88)

Lakshmi, getragen. Vishnu kann zusätzliche Embleme annehmen und trägt in seinen Inkarnationen spezifische Attribute, z. B. Pfeil und Bogen als Rama, Beil als Parashurama, Flöte als Krishna, Schwert als Kalkin etc.

Symbolik: Das *Rad* (Cakra; Abb. 62) taucht erstmals auf Steatitsiegeln des Industales auf; es wandelte sich von einer zerstörerischen Wurfscheibe zum Sinnbild. Im Veda gilt das Rad als Zeichen der Sonne und der kosmisch-ethischen Ordnung (Ritam), die sich im täglichen Sonnenlauf manifestiert. Vishnu hatte bereits als vedische Sonnengottheit, als einer der zwölf Adityas, kosmoserhaltende Funktion. Im Hinduismus symbolisiert das Rad den Dharma, die göttliche Weltordnung oder ewige Weltgesetzlichkeit, deren Hüter Vishnu als Erhalter des Universums ist. Im Buddhismus ist das Rad das Zeichen eines Weltenherrschers, des Dharma und der darin verankerten Heilslehre.

Die *Keule (Gada;* Abb. 64) wandelte sich ebenso wie das Wurfrad von einer Stammeswaffe der prähistorischen und vedischen Zeit

61 Die Fußspur (Paduka) mit den Emblemen Muschelhorn und Lotos ist das anikonische Zeichen Vishnus und ein Symbol des Königtums. Während der Zeit von Ramas Exil standen die Sandalen als Zeichen seiner rechtmäßigen Herrschaft am Thron

62–65 Die Hauptembleme der vishnuitischen Ikonographie

62 Rad (Cakra) 63 Muschelhorn (Shankha) 64 Keule (Gada) 65 Lotos (Padma)

zum abstrakten Sinnbild. Der vedische Himmelskönig Varuna (Abb. 161) gab die Keule Kaumodaki, die wie Donner dröhnt, zur Dämonenbekämpfung an Vishnu; auch Krishna und Balarama setzen sie häufig zerstörerisch ein. Im parthischen Persien ist die Keule die Waffe der Könige im Löwenkampf und ein altes Lichtzeichen. Im Hinduismus und Buddhismus zerteilt sie im esoterisch-philosophischen Sinne die Wolken der Unwissenheit und bringt das Licht der Erkenntnis.

Lotos (Padma; Abb. 65): Der Lotosblume wird in den heiligen Schriften vieler Kulturkreise Referenz erwiesen. In der Industalkultur trägt die Muttergöttin Lotosblüten im Haar. Mit den Ariern kam der Lotos von der mutterrechtlichen zur vaterrechtlichen Gesellschaftsordnung und wurde zum Zeichen des Schöpfergottes. Im Mahabharata entsprießt der Lotos als erste Gestaltwerdung des Absoluten dem Nabel des im kosmischen Schlaf ruhenden Vishnu-Narayana (Farbabb. 4). Der Lotos steht auch in Verbindung mit den

Fruchtbarkeitsgenien (Yakshas und Yakshinis) und deren »Fahrzeugen«, den Wasserungeheuern (Makaras). Da sich der Lotos unversehrt über Schlamm und Schmutz aus den Wassern erhebt, gilt er auch als Zeichen der Reinheit und daher der geistigen Wiedergeburt.

Muschelhorn (Shankha; Abb. 63): Die Perlmuschel ist typisch für vorarische Küstenbewohner. In den großen Heldenepen, dem Mahabharata und dem Ramayana, gelangt dieses dravidische Zeichen zu den Ariern und ruft als Trompete zum Kampf. Im philosophisch-esoterischen Sinne ist der Ton des Muschelhorns die erste und zarteste Manifestation des Absoluten in der empirischen Welt und steht daher auch mit Schöpfung in Verbindung. Das shivaitische Gegenstück ist die Sanduhrtrommel (Abb. 95).

Die Hauptattribute zeigen Vishnu als *kosmischen Gott* und *Himmelskönig.* Seine *Wassernatur* (Lotos, Muschelhorn, Schlange Ananta) ist vorarisch-dravidischen Ursprungs. Die *Licht- und Sonnennatur* sowie die kosmosordnende und -erhaltende Funktion (Rad, Keule, Sonnenadler Garuda) sind hingegen indoarischer Herkunft. Im Gegensatz dazu ist Shivas Hauptnatur von Fruchtbarkeit (Stier) und Vernichtung (Feuer) geprägt.

Darstellung: Vishnu wird menschengestaltig oder visionär, d. h. übernatürlich, dargestellt, tiergestaltig als Garuda oder Ananta-Schlange, die auch seine Vahanas sind, symbolisch als Fußspur oder Lotos, in Steingestalt als schwarzer Salagrama-Ammonit.

Tier und Sockel: Sonnenadler Garuda, Schlange Ananta oder Shesha, Lotos.

Gemahlinnen: Wenn Vishnu mit einer Frau dargestellt wird, so ist dies *Lakshmi* oder *Bhu-Devi;* in Nordindien tritt zeitweilig *Sarasvati* (Pushti) dazu. In Südindien heißt Lakshmi *Shri,* die zweite Frau ist *Bhu-Devi* oder *Prithivi,* die Göttin Erde.

Beinamen: Vishnu trägt unzählige Beinamen, deren wichtigste – außer den Avataras – sind: *Hari* = Gott, vor allem in Verbindung mit Shiva als Hari-Hara (Abb. 47); *Bhagavan* = der Erhabene; *Jagannatha* = Herr der Welt (Umschlagabb. Rückseite); *Caturbhuja* = der Vierarmige; *Caturmurti* = vierfache Erscheinung; *Vaikuntha(natha)* = Herr des Paradieses Vaikuntha (Abb. 66); *Keshava* = der Haarige, Glänzende; *Hayagriva* = Pferdehals; *Varadaraja* = König der Gnade; *Vishvarupa* = Allform, der

»Allgestaltige« (Abb. 68); *Vasudeva* = Gott des Gedeihens, auch Vater Krishnas; *Dhanvantari,* himmlischer Arzt; *Dattatreya,* himmlischer Asket und Lehrer; *Ranganatha* als Herr des südindischen Tempels Srirangam; *Vikranta* = Alldurchdringende Kraft; *Somnatha* = Herr des Mondes; *Vithoba* und *Vithala* zwei Volksgötter aus Maharashtra, die mit Vishnu verschmolzen; *Manmatha* als Liebesgott. Bezeichnungen als Schöpfergott: *Svayambhu* = aus sich selbst existierend; *Narayana* = Menschensohn, der aus dem Wasser Kommende (Farbabb. 3); *Adimurti* = erste Erscheinung (Abb. 67); *Padmanabha* = Lotosnabel. In Verbindung mit seiner Shakti: *Lakshminatha* oder *Shrinatha,* Herr des Glücks, der Glücksgöttin; *Lakshmi-Narayana* (Abb. 90).

Name, Herkunft, Charakteristika: Der Name Vishnu konnte noch nicht eindeutig erklärt werden, im allgemeinen wird er mit »Durchdringer« übersetzt. Die Endsilbe -nu ist möglicherweise dravidischen Ursprungs.

In Vishnu werden die zwei Hauptströmungen des Hinduismus deutlich veranschaulicht. Seine Verbindung mit dem Urozean ist vorarisch-dravidischer Herkunft, seine Assoziation mit der Sonne und kosmisch-ethischen Ordnung (Ritam, Dharma) ist indoarischen Ursprungs. In Vishnu verschmolzen verschiedene Gestalten des Volksglaubens und selbständige Sektengottheiten zum brahmanischen Vishnu oder blieben in der Inkarnationsidee als selbständige Manifestationen bestehen. Im großen ganzen ist Vishnu das Ergebnis des Synkretismus von drei Gott-Konzeptionen: des heroischen Vasudeva-Krishna aus dem Milieu von Reiterkriegern, des vedischen Sonnengottes Vishnu und des kosmischen Narayana der Brahmana-Texte (Absorbierung Brahmas).

Vishnu ist ein königlich-heldischer Gott, auf den die großen arischen Königs- und Fürstengeschlechter Nordindiens ihre Herkunft zurückführen; in dieser Form übernahm er viele Eigenschaften des vedischen Götterkönigs Indra und des Sonnengottes Surya. Die frühen Tempel Nordindiens und Nepals der Gupta- und Licchavi-Zeit (etwa 4.–6. Jh. n. Chr.) waren vorwiegend Vishnu geweiht. Der von Südindien ausgehende Shivaismus überlagerte etwa im 8. Jh. teilweise auch im Norden, vor allem in Nepal, den Vishnu-Kult; dennoch gilt der König dieses Landes noch heute als

Inkarnation Vishnus. Als Gott der Gnade nähern sich die Gläubigen Vishnu in hingebender Gottesliebe (Bhakti): in seiner Inkarnation als Krishna (Farbabb. 9; Abb. 84–89) ist er der populärste Gott Indiens. Der Kult Vishnus ist wesentlich weniger extrem als der shivaitische. Monotheismus und Messias-Gedanke treten in der klaren Gestalt Vishnus und seiner Herabstiege zur Erde – wahrscheinlich angeregt durch den Islam – viel deutlicher hervor als in den anderen theologischen Richtungen Indiens. Der größte Künder der Hingabe und Liebe an den streng monotheistischen Erlösergott Vishnu war der südindische Theologe Ramanuja, der im 11. Jh. in der Tempelstadt Srirangam wirkte.

Auseinandersetzungen mit anderen theologischen Systemen führten zu Anregungen, Zugeständnissen und Mischformen, z. B. Trimurti, Dattatreya, Mohini, Hari-Hara. Bei den Shivaiten erscheint Vishnu als Verehrer Shivas in Anbetungsgeste mit gefalteten Händen vor der Brust und erhält den Segen Shivas (Vishnu-Anugraha-Murti).

a) Hauptformen Vishnus

Die 24 Formen

Die frühe vishnuitische Ikonographie kennt 24 Formen Vishnus, die nach verschiedenen heiligen Schriften dadurch entstanden, daß er seine vier Hauptembleme, Rad, Muschel, Lotos, Keule, in unterschiedlicher Anordnung in seinen vier Händen trägt. Jede dieser Formen hat einen eigenen Namen, z. B. Damodara, Vasudeva, Pradyumna, Aniruddha, Hari, Keshava, Samkarshana.

Vaikuntha(natha)

Eine beliebte, frühmittelalterliche Darstellung Vishnus als universeller Gott ist Vaikuntha(natha), der Herr des Paradieses Vaikuntha; diese Form ist vor allem in Nordindien und Kaschmir anzutreffen. Wie Brahma trägt Vaikuntha vier Köpfe in allen Haupthimmelsrichtungen, jedoch zwei menschliche und zwei Tierköpfe (Inkarnationsformen) unterschiedlicher Gemütsart. Im Osten erscheint Vasudeva als Menschenantlitz, im Westen Aniruddha als Dämonenkopf, im Norden Pradyumna als Ebergesicht (Varaha-Avatara), im Süden Samkarshana als Löwenhaupt (Narasimha-Avatara). Vaikuntha trägt die typisch vishnuitische Königstiara oder eine Krone persisch-sasanidischen Typs, Brustjuwel, Waldkranz bis zu den Knien und seine vier Hauptembleme. Zwei davon, Lotos und Muschelhorn, hält er selbst, mit seinen zwei weiteren Händen stützt er sich auf die Ayudha-Purushas, die Personifizierungen von Keule und Rad. Zu Füßen erscheint die kleine Bhu-Devi (Göttin Erde) oder Garuda (Abb. 66).

Narayana Ananta- oder Sheshashayi

Zu den schönsten und beliebtesten Darstellungen der Hindu-Ikonographie zählt Vishnu als *Narayana* (der aus dem Wasser Kommende, ewiger Mann, Menschensohn, Schöpfer) *Anantashayi(n)* oder *Sheshashayi(n)* (der auf der Weltenschlange Ananta oder Shesha Ruhende). Der menschengestaltige Gott ruht zwischen zwei Weltperioden im Meditationsschlaf auf dem Schlangenbett im kosmischen Ozean (Farbabb. 3). Häufig wird auch dargestellt, wie sich der Schöpferwille des absoluten Gottes regt und Narayana aus seinem Nabel eine Lotosblüte (Lotosnabel = Padmanabha) als erste Gestaltwerdung der Erscheinungswelt entläßt (Farbabb. 4). Auf dem Lotos thront der vierköpfige Schöpfergott Brahma, der im Auftrag Vishnu-Narayanas eine neue Welt formt. Welch ein krasser Unterschied zwischen dem ruhenden Narayana Anantashayi und Shiva Nataraja, der eine neue Welt aus Feuer und Tanz erstehen läßt (Abb. 100)! Begleitfiguren des kosmischen Vishnu-Narayana sind Lakshmi, die ihrem liegenden Gatten liebevoll und demütig die Füße massiert, anbetende Götter, wie Shiva, Skanda etc. im Knieflug, der Weise Narada mit der von ihm erfundenen Stabzither, Helden des Mahabharata etc.

Seltener ist das Thema in der Form, daß Narayana nicht auf der Schlange liegt, sondern in der Haltung königlicher Gelassenheit auf

67 Adimurti: Vishnu als Narayana, auf der Weltenschlange Ananta oder Shesha sitzend. In seinen oberen Händen hält er Muschel und Rad. Vidhyadharas = Wissenshalterinnen im Knieflug tragen weitere Embleme. Tempel in Aihole

ihr thront. Diese Variante wird *Adimurti* = erste Erscheinung genannt (Abb. 67).

Symbolik: Die kosmische Schlange, die das Universum umgibt, heißt Ananta = Unendlichkeit oder Shesha = die Bleibende, der Rest; Wasser und Schlange zeigen die ewige schöpferische Energie Gottes an. Vishnu und sein Bruder Balarama können sich tiergestaltig als Ananta oder Shesha manifestieren. Die Beziehung Vishnus

◁ 66 Vaikuntha(natha), eine drei- oder vierköpfige Form des Vishnu. Das mittlere Antlitz ist Vasudeva mit hoher Königstiara; rechts und links schließen sich an das menschliche Gesicht zwei Inkarnationsformen an, nämlich Löwen- und Eberkopf. Typisch vishnuitisch sind darüber hinaus Brustjuwel und Waldkranz bis zu den Knien sowie die Attribute Lotos und Muschel. Begleitfiguren: die Personifizierungen von Rad und Keule, die Ayudha-Purushas (Emblemträger), und die kleine Göttin Erde (Bhu-Devi) zu Füßen. Museum Lahore, Pakistan

zum Ozean geht zurück auf den dravidischen Kulturkreis mit seinem bedeutenden Seefahrer- und Handelsvolk, das beispielsweise mit dem Zweistromland und mit Rom Handel trieb; die Schlangenverehrung entspringt dem animistischen Fruchtbarkeits- und Naturkult des prähistorischen Indien sowie der Ackerbaukultur des Industales.

Vishvarupa

Die besonders in Nepal beliebte Form zeigt Vishnu als universellen Gott. Der kosmische Narayana auf dem Schlangenbett wird mit dem von der buddhistischen Ikonographie, z.B. vom elfköpfigen Avalokiteshvara, inspirierten vielköpfigen und vielgliedrigen, stehenden Vishnu als Vishvarupa = der »Allgestaltige« (Abb. 68) kombiniert. Zu seinen Hauptemblemen nimmt Vishnu noch weitere Attribute an, vor allem das Schwert der Erkenntnis. Das Gefolge zu beiden Seiten bilden Elefanten als Träger des Alls, Garuda, Nagas, Bhu-Devi, die 33 niederen Gottheiten (12 Adityas, 8 Vasus, 11 Rudras, 2 Ashvins), anbetende Himmelswesen und Dämonen. Nach einer Vision aus der Bhagavadgita offenbart sich Vishvarupa namentlich in Südindien in mehreren Varianten (Farbabb. 2).

b) Weitere Formen Vishnus: Dattatreya, Yogishvara, Gajendra-Moksha

Dattatreya: Kombination der Götter Brahma (Pitamaha), Vishnu (Hari) und Shiva (Hara), ähnlich der Trimurti; bei Dattatreya (oder

68 Vishnu als »Allgestaltiger« Vishvarupa. Vishnu im Meditationsschlaf, auf der Schlange Ananta oder Shesha im Urozean ruhend, darüber erheben sich zwei Nagas (Schlangengottheiten; Kobra-Hauben), dazwischen die kleine Göttin Erde (Bhu-Devi), rechts und links vier Elefanten, Träger des Alls, rechts der Sonnenadler Garuda im Flügelkleid, links die kleine Göttin Lakshmi. In der Mitte der vielköpfige und -armige Vishnu als Kosmische Säule mit den Attributen Keule, Rad, Schwert, Schild etc. Links aufsteigend selige Adoranten, rechts Hungergeister. Steinplastik in Changu Narayana, Nepal ▷

Hari-Hara-Pitamaha) überwiegt jedoch das vishnuitische Element. Er ist ein himmlischer Asket und Lehrer der Götter. *Darstellung:* sechsarmig mit je zwei Attributen der drei Götter, die Symboltiere der drei Götter im Sockel.

Yogishvara: Herr der Yogis: Yoga-Form Vishnus im Yoga-Sitz, zwei Hände in Meditationsgeste ineinandergelegt, zwei weitere Hände tragen Rad und Muschel. Diese seltene Form ist das vishnuitische Gegenstück zum viel häufiger vorkommenden Shiva als Herr der Yogis und Asketen.

Gajendra-Moksha: Errettung eines Elefanten – der menschlichen Seele – durch den Erlösergott Vishnu. Ein Elefant – Sinnbild der Seele – wurde am Fluß – Lebenslauf – von einem Krokodil – Verkörperung der materiellen und sinnlichen Triebe – attackiert (Abb. 69). Vishnu erschien, auf Garuda reitend, am Himmel, tötete das Krokodil mit seiner Wurfscheibe – Gesetz, Pflicht – und erlöste die bedrängte Seele.

69 Gajendra-Moksha: Der Elefant (Verkörperung der menschlichen Seele) wird von einem Krokodil (Sinnbild der materiellen und sinnlichen Triebe) attackiert

c) *Die zehn Herabkünfte Vishnus (Dashavatara)*

Nach dem Glauben der Vishnuiten inkarniert sich der absolute Gott Vishnu periodisch immer wieder, um Götter und Menschen von dämonischen Mächten zu erretten und die Weltordnung wiederherzustellen. Einige Herabkünfte = Avataras zeigen Vishnu nicht als universellen Gott, sondern zeitlich und funktionell beschränkt. Dem Shivaismus ist diese Inkarnationslehre eines gnädigen, menschlichen Gottes, dessen Möglichkeiten daher auch begrenzt sind, weitgehend fremd.

Die hinduistische Kosmologie unterteilt die ewig als Wiederholung ihrer selbst abrollende Zeit in jeweils *vier Weltzeitalter (Yugas)*, die nach Weltbränden und einer Ruhepause aufs neue beginnen. Eine solche Weltperiode heißt ein Tag Brahmas oder ein Kalpa und währt 4 Milliarden 320 Millionen Menschenjahre! Ein Kalpa kann auch in *14 Manvantaras* = Manu-antaras, Lebensdauer eines Manu, unterteilt werden. Zu Beginn jedes Manvantara ersteht aus dem Schöpfergott ein neuer Manu, der erste Mensch und Gesetzgeber, aus dem dann Prajapatis und Rishis, Ahnherren des Menschengeschlechts und weise Seher hervorgehen. Jedes Manvantara beginnt mit einer großen Flut und der Errettung der ewigen Göttlichen Offenbarung, des Veda, aus den Klauen der dämonischen Asuras. In den Puranas erhielten viele ehemalige Brahma-Mythen vishnuitischen Anstrich. Vishnu verkörpert sich in den ersten Yugas oder Manvantaras tiergestaltig, nimmt dann Mischformen von Tier und Mensch an und steigt allmählich menschengestaltig zu den Irdischen herab, um am Ende eines Kalpa die Lebewesen zu erlösen. Die heiligen Schriften sprechen von einer unterschiedlichen Anzahl von Herabkünften, beispielsweise von 22 Avataras; am bekanntesten ist jedoch ein Zyklus von zehn Herabkünften = Dashavatara. Danach inkarniert sich Vishnu

1. im Goldenen Krita-Yuga viermal, nämlich als Fisch, Schildkröte, Eber und Mann-Löwe;
2. im Silbernen Treta-Yuga dreimal, als Zwerg und die Helden Parashurama und Rama;
3. im Kupfernen Dvapara-Yuga einmal, als Hirtengott Krishna;

4. im gegenwärtigen Eisernen oder dunklen Kali-Yuga zweimal, nämlich zu Beginn als Buddha und am Ende als apokalyptischer Reiter Kalkin.

Die erste Avatara: Matsya, der Fisch

Der Matsya-Mythos zeigt Ähnlichkeit mit der Sintflut-Sage des sumero-babylonischen Kulturkreises und anderer Völker. Der *Manu Satyavrata*, der erste Mensch, ist eine Art indischer Noah.

Nach der Schilderung des Matsya-Purana schlief Brahma am Ende eines Kalpas; die Veden entschlüpften seinem Munde und wurden vom pferdeköpfigen Dämon *Hayagriva* gestohlen. Vishnu inkarnierte sich als kleiner Fisch, den Satyavrata plötzlich in Händen hielt. Matsya bat um Schutz, und Satyavrata trug ihn in seinem Opferkrug nach Hause; der Fisch wuchs und wuchs, sprengte jedes Gefäß, und Satyavrata brachte ihn zum Ozean. Hier nahm Matsya die Form eines Riesenfisches an, sagte eine große Flut voraus und gebot Satyavrata, ein Schiff mit den Sapta-Rishis, den Ahnherren der Brahmanengeschlechter, Tieren und Saatgut zu besteigen. Als die Fluten höher und höher stiegen, zog Matsya mit seinem goldenen Horn, um das der Schlangenkönig Vasuki als Seil gewunden war, das Schiff bis zum Himalaya, um das Zurückweichen des Wassers abzuwarten. Die Veden hatte Matsya dem Dämon Hayagriva entrissen und übergab sie dem erwachenden Brahma.

Darstellung: Matsya wird entweder ganz fischgestaltig abgebildet oder als Mischform, Mensch mit Fischunterleib (Farbabb. 5). In diesem Fall trägt er verschiedene Attribute, vor allem Muschelhorn und Lotos, als Zeichen der Geburt aus dem Urozean. Begleitfiguren können Satyavrata und die sieben Rishis sein. Der Dämon Hayagriva (Pferdehals) ist leicht an seinem Roßkopf erkennbar.

Hayagriva kann aber auch eine Form Vishnus als Gott des Lernens sein: Menschengestalt mit Pferdekopf, antropomorphe Gestalt des Veda in der Hand. Der Pferdekopf entstammt dem Milieu zentralasiatischer Reiternomaden und spielt im tibetischen Buddhismus (Lamaismus) eine große Rolle.

Die zweite Avatara: Kurma, die Schildkröte

Der Kurma-Mythos zeigt Einflüsse aus dem sino-tibetischen Raum, wo die Schildkröte als Zeichen des Universums und der Ewigkeit gilt und als Orakeltier dient.

In den heiligen Schriften Indiens hat der Schöpfergott Prajapati-Brahma unter anderem die Gestalt einer Schildkröte. Aus ihm ging Kashyapa = die Schildkröte, der Vater von Göttern, Titanen und Dämonen hervor. Nach diesem Schöpfungsmythos erhebt sich der Weltberg Meru auf dem Rücken einer Riesenschildkröte (Kashyapa oder Kurma); als Träger des Alls fungieren an den Kardinalpunkten des Universums Elefanten (Diggaja). Der Kurma-Mythos berichtet von dem ewigen Kampf zwischen Göttern und Dämonen und von der Unterordnung der vedischen Götter, vor allem Indras und Brahmas, unter die Oberhoheit Vishnus und Shivas.

Vishnu riet den Göttern und Dämonen, zur Gewinnung des Unsterblichkeitstrankes Amrita oder Soma verschiedene Kräuter und Pflanzen im kosmischen Milchozean zu quirlen. Mit großen Schwierigkeiten wurde der Berg Mandara als Quirlstock herbeigeschleppt und mit der Chaosschlange Vasuki als Seil umwunden. Götter und Dämonen zogen nun am Seil, doch der Berg sank auf den Grund des Ozeans. Vishnu nahm die Gestalt einer Schildkröte an und verlieh dem Quirlstock festen Halt. Durch die Anstrengung spie die Schlange Vasuki blaues Gift aus, das Götter und Dämonen erlahmen und erblinden ließ. Shiva gab das ganze Gift in eine Schale und trank es mühelos. Nach längerem Quirlen kamen *14 Kostbarkeiten* zutage, die an die Götter und den Dämonenkönig Bali verteilt wurden: Vishnu nahm das Brustjuwel Kaustubha, die Keule, den Bogen Ramas, das Muschelhorn und Lakshmi, die Göttin der Schönheit; Indra den weißen Elefanten Airavata, den Wunschbaum und die Apsara Rambha; Shiva die Mondsichel für seine Flechtenkrone; die sieben Rishis Surabhi, die ›Wunschkuh‹ (Kamadhenu); der Dämonenkönig Bali einen weißen Hengst, den er bald an Indra abtreten mußte. Als weitere Kostbarkeiten erschienen die Göttin Varuni (Abb. 70) mit einer Schale Branntwein (Sura) für die Götter und Dhanvantari = Vishnu als himmlischer Arzt mit dem Nektarkrug. Die Asuras entrissen ihm begierig den Unsterblichkeitstrank,

71, 72 Die weibliche Form Vishnus als Mohini: als Tänzerin (Abb. 71) – als schöne Frau mit hoher Topfkrone (die ursprünglichen Töpfe sind zu Scheiben zusammengedrückt; Abb. 72). Vishnu-Tempel von Belur

doch Vishnu nahm die Gestalt der schönen Apsara Mohini (Abb. 71, 72) an, und die Dämonen ließen verzückt vom Nektarkrug. Durch Mohinis List wurden die Asuras vom Genuß des Unsterblichkeitstrankes ausgeschlossen. Der Kampf geht also weiter und wird sich in der nächsten Weltperiode wiederholen.

Darstellung: Kirnen des Milchozeans mit dem Berg Mandara als Quirlstock und der Chaosschlange Vasuki als Seil, Götter und Dämonen zu beiden Seiten, 14 Kostbarkeiten. Vishnu erscheint als

◁ 70 Varuni, Varunani oder Gauri, die Göttin des Weins, als eine der 14 Kostbarkeiten aus dem Milchozean gekirnt. Ihre Verbindung zum Gott Varuna ist am Seeungeheuer Makara (mit Elefantenrüssel) und an der Schlinge erkennbar. Museum Delhi

Schildkröte am Fuß des Berges im Ozean, kann aber auch menschengestaltig auf einer Lotosblüte am Berg thronen (Farbabb. 6).

Mohini ist die weibliche Form Vishnus und seine einzige Tanzform. Der Verbindung Shivas mit Mohini als Hari-Hara (Abb. 47) entsproß der Gott Aiyanar (Abb. 131, 132).

Shiva ist beim Quirlen am Asketenknoten erkennbar, Brahma durch seine vier Köpfe. Eine weitere Form Shivas aus dem Kurma-Purana ist *Vishapaharana*, der das Gift der Schlange Vasuki trinkt. Dadurch erhält er eine blaue Kehle und heißt deshalb auch *Nilakantha* = Blauhals.

Eine Begleitfigur kann auch der Weise *Narada* sein, erkennbar an der Stabzither. Er ist der Freund Vishnus in mehreren Avataras, der ewige Wanderer und geistreiche Plauderer im Götterhimmel.

Die dritte Avatara: Varaha, der Eber

In verschiedenen vedischen Schriften hat der Schöpfergott Prajapati-Brahma Ebergestalt (Eber Emusha). In der Eber-Inkarnation Vishnus wurde wiederum einem früheren Brahma-Mythos vishnuitischer Charakter verliehen, um die Allmacht Vishnus über Götter und Dämonen zu verdeutlichen. Die Ebergestalt entstammt dem Milieu seßhafter Pflüger und Pflanzer; die Varaha-Legende gehört zum Typ der Urtaucher-Mythen.

Zu Beginn des gegenwärtigen siebenten Manvantara kam das Urpaar Svayambhuva und Shatarupa (Hundertform), die Ahnen aller männlichen und weiblichen Formen, um Brahma zu huldigen. Während dieser noch mit der Schöpfung beschäftigt war, fiel die Erde (Bhu, Bhumi, Prithivi) auf den Grund des Urozeans. Brahma rief Vishnu zu Hilfe, der die Gestalt eines gigantischen Ebers, dunkel von Farbe und röhrend wie Donner, annahm. Mittlerweile hatte der Asura *Hiranyaksha* vergeblich vom Wassergott Varuna Land verlangt. Von dem Weisen Narada erfuhr er, daß Varaha in den Ozean getaucht sei und verfolgte ihn. Doch der Rieseneber hob die Erde in Gestalt einer kleinen Göttin *(Bhu-Devi, Bhumi-Devi)* sorgsam mit seinen Hauern an die Oberfläche. Zwischen Varaha und Hiranyaksha entbrannte ein furchtbarer Keulenkampf. Der

73 Vishnu als Eber (Varaha), menschengestaltig mit Eberkopf, den Dämon Hiranyaksha zertretend. Vishnu-Tempel von Belur

Dämon sank tot zu Boden, und die Götter huldigten Vishnu als höchstem Gott.

Nach einer anderen Version hatte Hiranyaksha durch Askese von Brahma Unverletzlichkeit von Gott, Mensch oder Tier erhalten, doch der Eber wurde bei diesem Pakt vergessen. Hiranyaksha attackierte Menschen und Götter, trug die Erde auf den Grund des Ozeans und stahl den Veda. Vishnu vernichtete ihn als Varaha und stellte die kosmische Ordnung wieder her.

Darstellung: Menschengestalt mit Eberkopf oder ganz ebergestaltig, verschiedene Embleme, die kleine Bhu-Devi im Arm (in diesem Falle heißt er Bhu-Varaha) oder zu Füßen, der Dämon Hiranyaksha wird niedergetreten, anbetende Nagas zeigen den Urozean an (Abb. 73, 74). Als Eber wird Vishnu auch in der Lingodbhava-Murti Shivas dargestellt (Abb. 101).

Die vierte Avatara: Narasimha, der Mann-Löwe

In diesem Mythos, der unmittelbar an die dritte Avatara anknüpft, errettet Vishnu wiederum Menschen und Götter von den Dämonen. Der Asura *Hiranyakashipu* verkörpert Maßlosigkeit, Egoismus und Askese zum Selbstzweck, sein Sohn *Prahlada* (Prahrada) ist hingegen das Urbild eines Mystikers, der seinem Gott in hingebender Liebe anhängt.

Nachdem Vishnu als Varaha den Dämon Hiranyaksha getötet hatte, herrschte Frieden in der Götter- und Menschenwelt. Doch bald rief Hiranyakashipu, der ältere Bruder des Hiranyaksha, die Asuras zur Vernichtung der Menschen, Kühe und des Opferfeuers auf. Er selbst übte so lange Askese, bis durch die davon ausströmende Feuerkraft der Kosmos erzitterte. Damit erzwang er von den Göttern die Zusicherung, daß weder Mensch noch Tier, bei Tag oder Nacht, außerhalb oder innerhalb seines Palastes ihn töten könne. So geschützt, beanspruchte er göttliche Ehren für sich selbst und verbot seinem Sohn Prahlada die Anbetung Vishnus. Prahlada hielt jedoch unerschütterlich am Gebet fest, und Hiranyakashipu trachtete, ihn durch verschiedene Torturen zu beseitigen. Als weder Schlangen ihn zu Tode beißen, noch Elefanten ihn zermalmen konnten, versuchte Hiranyakashipu, seinen Sohn durch Argumente

74 Vishnu als Varaha, ganz ebergestaltig. Der Ozean wird durch eine Schlange angezeigt, von Bhu-Devi sind nur mehr die Füße erhalten. Zum Zeichen seiner Allmacht sind auf Vishnu als »kosmischer Eber« unzählige Gottheiten abgebildet, so z. B. auf der Backe die neun Planeten (Navagrahas) und Sarasvati auf der Schnauze (vgl. Abb. 167). Lakshmana-Tempel von Khajuraho

75 Vishnu als Mann-Löwe (Narasimha), der dem Dämon Hiranyakashipu die Gedärme aus dem Leib windet. Links unten Garuda in Anbetungsgeste. Vishnu-Tempel von Belur

76 Die Torturen des Prahlada: Elefanten versuchen vergeblich, ihn zu zermalmen. Tempel von Halebid

zu besiegen. Er fragte ihn, wo Vishnu überhaupt sei, ob auch in einer Säule. Als Prahlada dies bejahte, knickte der Dämon den Säulenschaft. Aber daraus sprang ein furchtbares Wesen: weder Mensch noch Tier, sondern ein Mann mit Löwengesicht, der Hiranyakashipu weder bei Tag noch bei Nacht, sondern in der Dämmerung, weder drinnen noch draußen, sondern auf der Schwelle, in Stücke zerriß. Prahlada wurde nach dem Tod seines Vaters König der Titanen.

Darstellung: Mensch mit furchtbarem Löwengesicht, verschiedene Embleme und Waffen tragend, der Dämon wird auf Narasimhas Knien liegend zerrissen (Abb. 75). Es gibt verschiedene Narasimha-Varianten, darunter in Yoga-Positur, mit seiner Shakti Narasimhi, oder tanzend mit Hiranyakashipu. Prahlada erscheint als kleine Gestalt in Anbetungsgeste. Darüber hinaus werden in Südindien die Torturen des Prahlada, z.B. seine Bedrohung durch Elefanten und Schlangen, gerne in Friesen erzählt (Abb. 76).

Durch den Narasimha-Mythos war Vishnu für die shivaitischen Brahmanen Südindiens vermutlich wieder zu populär geworden; so erfanden sie eine eher lächerliche Legende, um die Oberhoheit Shivas neuerlich mythologisch zu untermauern. Demnach soll Narasimha nach seinem Sieg über die Dämonen selbst maßlos geworden sein. Shiva nahm die Gestalt eines furchtbaren Ungeheuers mit Schwingen, Klauen und mehreren Köpfen an, vernichtete Narasimha und stülpte seine Haut mit dem Löwengesicht über. Dieses schaurige Fabelwesen heißt *Sarabha.*

Die fünfte Avatara: Vamana, der Zwerg

Das Vamana-Purana greift auf den Vishnu der vedischen Zeit zurück und läßt ihn als Brahmanensohn wiedergeboren werden. In den Veden durchmaß Vishnu, mit drei Schritten vom Zwerg zum Riesen wachsend, die drei Bereiche des Universums. Diese drei Schritte sind das Sinnbild für Sonnenaufgang, Zenit und Untergang und werden vom Priester als Zeichen der Besitzergreifung des Kosmos im Ritual nachvollzogen. Auch das vishnuitische Stirnzeichen, ein U mit einem Mittelstrich, zeigt den Dreischritt an (Abb. 60).

Im Vamana-Mythos werden Maßlosigkeit, Ehrgeiz und Opferverrichtung zum Eigennutz verworfen. Vishnu ist der allmächtige Herr über Götter und Dämonen. Der historische Hintergrund der Legende ist wiederum der Kampf der Arier, identisch mit den Göttern, gegen die Dravidas, die den dämonischen Asuras gleichgesetzt werden. *Bali* war vermutlich ein populärer dravidischer König der Malabarküste (weniger wahrscheinlich von Mahabalipuram).

Im Mythos ist Bali der Enkel des Prahlada. Er regierte sein Volk weise und gerecht, doch von Ehrgeiz getrieben, erstrebte er die Herrschaft über die Dreiwelt Himmel-Erde-Unterwelt. Aus dem Opferfeuer gewann Bali göttliche Waffen und Streitwagen und vertrieb damit die Götter aus Indras Stadt Amaravati. Zur Rettung der Götter übte die Göttermutter *Aditi* Askese. (Aditi ist die vedische Göttin des endlosen Raumes und Erhalterin der Erde; ihr Symbol ist die Kuh. In den Veden ist Vishnu ihr Gatte, meist jedoch ihr Sohn. *Kashyapa* ist einer der großen Rishis und Prajapatis, der Ahnherren der Schöpfung, Autoren des Veda, Priester der Götter. Mit seiner Gattin Aditi zeugt Kashyapa die Sonnengötter = Adityas, mit Diti die Titanen = Daityas, mit Vinata den Sonnenadler Garuda oder Aruna. Er ist aber auch der Stammvater der Reptilien, Dämonen etc.)

Nach dem Vamana-Purana wird Vishnu als Sohn von Aditi und Kashyapa im Brahmanenstand wiedergeboren. Als zwergengestaltiger Brahmanenschüler begab er sich zum Pferdeopfer (Ashvamedha) des Bali. Der König und seine Gattin wuschen ihm ehrerbietig die Füße, und Vamana erbat von Bali so viel Land, wie er mit drei Schritten durchmessen könne. Trotz der Warnung seines Guru

77 Vishnu als dickbäuchiger Zwerg Vamana. Museum Indore

erfüllte Bali lachend diesen Wunsch. Der Zwerg wuchs zum Riesen *Trivikrama = Dreischritt;* mit dem ersten Schritt durchmaß er die Erde, mit dem zweiten den Himmel. Bevor er zum dritten Schritt ausholte, erschien Prahlada und bat um Gnade für seinen Enkel Bali,

78 Vishnu als Dreischritt (Trivikrama) mit den Hauptemblemen Rad, Schild, Keule und Schwert. Unten Mitte: der kleine Vamana vor König Bali und seiner Frau, die Wasser zur Fußwaschung Vamanas herantragen als Zeichen der Ehrerbietung. Tempel von Changu Narayana, Nepal

der sich demütig unter Trivikramas Fuß beugte. Vishnu als Trivikrama begnadigte Bali und wies ihm die Unterwelt als Reich zu. Einmal jährlich darf er für zehn Tage sein ehemaliges Land, die Malabarküste, besuchen; dann wird für zehn Tage das Onam-Fest gefeiert.

Darstellung: Vamana als dickbäuchiger Zwerg allein (Abb. 77). Wesentlich häufiger ist der riesige Trivikrama, der gerade zum Schritt ausholt (Abb. 78). Darunter wird Vamana als Zwerg abgebildet, Bali und seine Gattin mit dem Wasserkrug zur Fußwaschung und Besiegelung des Paktes. Oder: Bali in Anbetungsgeste unter dem Fuß des Trivikrama.

Die sechste Avatara: Parashurama, Rama mit dem Beil

Die sechste Herabkunft Vishnus als Parashurama (Farbabb. 7) entspricht kaum der Natur des Hochgottes, sie ist das Ergebnis priesterlicher Spekulationen, um ihn als Rächer der Priesterklasse von »Shivas Gnaden« – ausgestattet mit Shivas Beil – zu zeigen. In diesem Mythos spiegelt sich am deutlichsten die ständige Auseinandersetzung der Priester- und Kriegerklasse um die Vorherrschaft wider. Unterschwellig ist auch der Zwist zwischen Shiva und Vishnu wieder erkennbar: So ist Parashuramas Feind *Kartavirya* ein Günstling Dattatreyas, einer Form Vishnus. Der Mythos erzählt auch vom Vordringen der Aryas gegen Südindien und von der Unterwerfung dravidischer Stämme der Malabarküste. Demnach wird die Entstehung der Westghats gegen die Arabische See Parashurama zugeschrieben, der die Treppenlandschaft mit seinem Beil schlug. Das dem Meeresgott Varuna abgewonnene Land unterstellte er einer arischen Führungsschicht aus Nordindien.

Die Geschichte von Parashurama zeigt die Widersprüchlichkeit und die unterschiedliche zeitliche Entstehung vieler Mythen. So wurde der erste Rama (Rama mit dem Beil = Parashu-Rama) kurz vor dem wesentlich bekannteren Rama oder Ramachandra, dem Helden des Ramayana, geboren. Dies ist das einzigartige Beispiel, daß zwei Herabkünfte eines Gottes gleichzeitig auf Erden weilen und sich sogar feindlich gegenüberstehen. In mehreren heiligen Schriften wird von der Fehde der beiden Ramas berichtet. So geriet beispielsweise Parashurama bei der Gattenwahl der Sita in Wut, als Rama den Bogen Shivas zerbrach. Im anschließenden Zweikampf unterlag Parashurama dem Helden des Ramayana. Diese siebente Inkarnation zeigt den Hochgott Vishnu wiederum als Vertreter der

Kriegerklasse und edlen Ritter im Gegensatz zum brutalen Brahmanenkrieger Parashurama.

Die Haupthandlung der Parashurama-Legende: Rama war einer der fünf Söhne des Rishi *Jamadagni,* seine Mutter die Königstochter *Renuka.* Der junge Brahmanenkrieger Rama erfreute sich der Gunst Shivas, der ihm ein gewaltiges Beil schenkte. Renuka sah eines Tages beim Baden ein Liebespaar und erzählte ihrem Gatten davon. Jamadagni war über die unkeuschen Gedanken seiner Frau so empört, daß er seinen Söhnen gebot, die Mutter zu töten. Vier Söhne weigerten sich und wurden durch den Fluch Jamadagnis zu Idioten. Parashurama folgte dem Wunsch des Vaters, ließ aber nach dessen Segen die Mutter unversehrt wieder auferstehen und seine Brüder normal werden.

Kartavirya, der König der Haihayas, stahl eines Tages mit seinen Söhnen die heilige Wunschkuh Kamadhenu (oder Surabhi) mit dem Kalb aus Jamadagnis Waldeinsiedelei. Parashurama stürzte in die Stadt Kashi und erschlug den König. Mittlerweile hatten Kartaviryas Söhne Jamadagni getötet. Parashurama trat nun als furchtbarer Rächer für den Brahmanenmord und den Raub der heiligen Kuh auf, rottete mit seinem Beil einundzwanzigmal alle Krieger aus, bis ihr Blut fünf große Seen füllte. Der historische Hintergrund dürfte der Einfall der barbarischen Haihayas aus den Vindhya-Bergen oder Bundelkand in die heilige Stadt Kashi (Varanasi/Benares) der Pratihara-Kaiser und die Rückeroberung durch die Brahmanen sein. Die Haihayas (Pferdemenschen) werden meist mit indoskythischen, halbnomadischen Reiterkriegern identifiziert; nach anderen Quellen sollen sie der Mondlinie der Yadavas entstammen. Ab dem 9. Jh. beherrschen die Kalachuris-Haihayas das Chedi-Reich (Bihar und Orissa am Golf von Bengalen).

Darstellung: Parashurama trägt Brahmanen-Ausstattung, nämlich Flechtenkrone, heilige Schnur, Antilopenfell. Hauptattribut: Beil (Parashu; Abb. 79), zusätzlich eventuell Schwert, Pfeil und

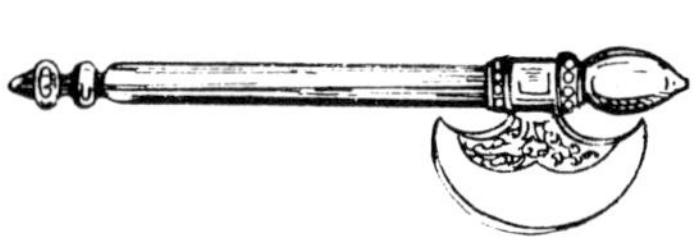

79 Beil (Parashu)

Bogen. Das Beil ist ein Hauptattribut des shivaitischen Götterkreises. Im Parashurama-Mythos wird das Beil als vernichtende Waffe eingesetzt; im esoterischen Sinne dient das Kultbeil in tantrischen Ritualen zum Durchtrennen der Wurzeln der Unwissenheit.

Die siebente Avatara: Rama oder Ramachandra

Die Geschichte Ramas wird kurz im Mahabharata erzählt, in voller Länge im *Ramayana*, dem zweitgrößten indischen Epos mit rund 24000 Doppelversen. Dieses im 1. Jh. v. Chr. entstandene älteste Sanskrit-Kunstgedicht wird dem Weisen Valmiki zugeschrieben und ist das Vorbild der späteren höfischen Dichtung. Weite Verbreitung erlangte die im Gegensatz zu anderen Mythen rein erhaltene Rama-Legende durch die Fassung in Hindi-Sprache des Dichters Tulsidas an der Wende vom 16. zum 17. Jh. Sehr populär ist der Gruß »Ram-Sita« oder »Ram-Ram«. Großer Beliebtheit erfreuen sich auch dramatische und pantomimische Bearbeitungen (Ram-Lila) des Ramayana oder Ramakien nicht nur in Indien, sondern auch in Hinterindien und Indonesien (Farbabb. 12).

80 Szene aus dem Ramayana: links Sita und Rama; in der Mitte jagt Rama mit dem Bogen den goldenen Hirsch, in den sich der Magier Maricha (rechts) verwandelt hat. Prambanan-Tempel, Java

Das Ramayana ist das Hohelied der Gattentreue und des Kriegerideals der Arier. Historischer Hintergrund ist die Errichtung der Oberhoheit der Arier über altindische Stämme bis zum Dekkhan und nach Südindien. Diese Völker sind in der Mythologie mit den dämonischen Rakshasas = Riesen des Südens identisch. In der Gestalt Ramas blieb der vedische Götterkönig Indra weitgehend erhalten und wurde zu einer Teil- oder Vollinkarnation des Hochgottes Vishnu erklärt. Rama gilt als edler Ritter und gerechter König, der in unerschütterlicher Pflichterfüllung von Leid zu Leid gestoßen wird und zu göttlicher Größe emporwächst. Zahlreiche nordindische Dynastien des Sonnenzweiges (Suryavamsa) erblicken in Rama ihren göttlichen Ahnherrn. Seine Gemahlin Sita=Furche ist eine Inkarnation der Lakshmi und das Ideal der treuen, unterwürfigen Gattin. Ramas großer Gegenspieler Ravana, der Führer der Rakshasas und Dämonenkönig von Sri Lanka ist ein Enkel Brahmas; mit seinem Bruder Kumbhakarna = Topfohr ist er eine Wiedergeburt von Jaya und Vijaya. Durch Askese erzwang Ravana von Brahma göttliche Waffen und Unsterblichkeit.

Die Haupthandlung des Ramayana spielt in Ayodhya, einer der sieben heiligen Städte der Hindus, dem späteren Oudh und heutigen Fyzabad U.P., sowie auf der Insel Sri Lanka. König *Dasharatha* aus der Sonnendynastie der Ikshvaku zelebrierte zur Erlangung von Nachkommenschaft das größte vedische Ritual, das Pferdeop-

81 Szene aus dem Ramayana: das Affenheer vor den Brüdern Rama und Lakshmana. Tempel von Belur

82 Der zehnköpfige Dämonenkönig Ravana von Sri Lanka tötet den Geierkönig Jatayu

fer. Für kurze Zeit erlangte er von den Göttern den Nektarkrug, aus dem seine drei Gattinnen unterschiedlich viele Tropfen erhielten. *Rama* wurde zur Hälfte als Inkarnation Vishnus geboren, *Bharata* zu einem Viertel und die nächsten Söhne *Lakshmana* und *Shatrughna* zusammen ebenfalls zu einem Viertel. Rama und Lakshmana waren besonders eng verbunden und erlebten gemeinsam viele Abenteuer. Auf Anregung ihres Freundes, des Rishi *Vishvamitra,* beteiligten sie sich an der freien Gattenwahl (Swayambara) der Tochter des Königs von Videha, *Sita.* Diesem altarischen Brauch zufolge erwählte die Braut meist den Sieger eines Wettkampfes zum Gatten. Als einziger der Anwesenden konnte Rama den Bogen Shivas mühelos spannen und errang Sita.

Nach dem Tode des Königs Dasharatha gelangte Ramas jüngerer Bruder Bharata durch Ränke auf den Thron. Rama zog mit Sita und Lakshmana in die Waldeinsamkeit zwischen Yamuna und Godavari. Auf Bitten des Rishi *Agastya* befreiten die Brüder die Bewohner der Vindhya-Berge von der Riesin *Surpanakha,* der Schwester des *Ravana,* und schlugen ihr Ohren und Nase ab. Ravana eilte auf seinem Götterwagen durch die Lüfte, um Sita zu rauben. Sein Onkel, der Magier *Maricha,* verwandelte sich in einen goldenen Hirsch, an dem Sita Gefallen fand. Während Rama und Lakshmana dem schönen Tier nachjagten, erschien Ravana als Bettelasket bei Sita und entführte sie nach Sri Lanka (Abb. 80). Der Geierkönig

83 Rama und Lakshmana huldigen Linga und Yoni in Rameshvaram an der Südspitze Indiens vor dem Übergang nach Sri Lanka

Jatayu, der Sohn Garudas oder Arunas, wurde von Ravana tödlich verwundet (Abb. 82), konnte jedoch sterbend Rama das Geschehene noch berichten. *Sugriva,* der König der Affen, und sein General *Hanuman* (Abb. 177) entsandten zu Sitas Rettung ein ganzes Affenheer, das binnen fünf Tagen die Rama-Brücke (Ramasetu) zur Insel Ravanas baute (Farbabb. 9). Vor dem Übergang errichtete Rama den Tempel von Rameshvaram an der Südspitze Indiens, eine der heiligsten Hindu-Pilgerstätten, und huldigte mit seinem Bruder Lakshmana dem Shiva-Linga (Abb. 83).

Nach allerlei Abenteuern gelangten Rama, Sita und Lakshmana zurück nach Ayodhya, und Rama bestieg den Thron. Da Sita längere Zeit im Palast Ravanas geweilt hatte, mußte sie ihre Unschuld in einer Feuerprobe beweisen, aus der sie der Feuergott *Agni* unversehrt hervorgehen ließ. Dennoch verstummten böse Zungen nicht, und Rama sandte seine schwangere Frau zur Eremitenklause des *Valmiki* bei Chitrakuta im Dandaka-Wald (Bundelkand). Nach 15 Jahren rief er Sita und seine Zwillingssöhne zurück nach Ayodhya. Vor einer neuen Feuerprobe nahm die Mutter Erde ihre Tochter Sita=Furche in ihren Schoß zurück. Rama wurde Asket und ging an heiligen Wassern wieder in seinem Ursprung, dem großen Gott Vishnu, auf.

Darstellung: Die Schlüsselszenen des Ramayana sind beliebte Themen erzählender Friese (Abb. 81) an Tempeln sowie höfischer und volkstümlicher Malereien. Bei Einzeldarstellungen der Hauptfiguren – namentlich in Bronze – steht Rama in dreifacher Beugung (Abb. 28) mit Kirita-Krone (Abb. 44). In seinen zwei Armen hält er die Hauptembleme Pfeil und Bogen; seine Gattin Sita (Abb. 133) hält eine Lotosblume. Ramas Brüder tragen ebenfalls Pfeil und Bogen, sind jedoch wesentlich kleiner, Lakshmana steht zu Ramas Linker. Hanuman ist leicht an seinem Affengesicht erkennbar (Abb. 177).

Die achte Avatara: Krishna

Krishna (der Dunkle, Schwarze) ist die populärste Herabkunft Vishnus und der beliebteste Gott Indiens überhaupt. Die Hauptquellen seiner Lebensgeschichte sind das *Mahabharata* und das *Bhagavata-Purana,* kurz *Bhagavatam.* Im Mahabharata wird vor allem der heldische Vasudeva-Krishna und Künder der *Bhagavadgita = Gesang des Erhabenen* geschildert. Die Gita – wie sie kurz genannt wird – ist das schönste und bedeutendste philosophische Lehrgedicht Indiens, das Monotheismus und Pantheismus verbindet. Das Bhagavata-Purana aus dem 10. Jh. ist hingegen ein Buch der breiten Volksmassen, das in alle indischen Sprachen übersetzt wurde und Kindheit und Jugend Krishnas breiten Raum widmet. Im Gegensatz zu den extremen Kulten Shivas und weiblicher Gottheiten (Kali, Durga), nämlich Magie, Okkultismus, Askese, Yoga, Sexual- und Blutriten, ist Krishna ein Gott der Gnade, dem die Gläubigen in hingebender Liebe (Bhakti) zugetan sind.

Das Erdenleben Krishnas spielt im Hirtenmilieu um Mathura und am Fürstenhof von Dwarka an der Südspitze der Halbinsel Gujarat. Die Yadavas waren vermutlich ein von Westen eingewanderter arischer Hirtenstamm, der sich an der Yamuna im Gebiet von Mathura, Gokula und im Brinda-Wald (Brindavana oder Vrindavana) niederließ. Ihr Hauptgott verschmolz wahrscheinlich mit einem vorarisch-dravidischen Vegetationsgenius, einem Yaksha. Manche Forscher sehen auch eine sprachliche Beziehung zwischen Mathura und dem südindischen Madurai. Kindheit und Jugend

84 Krishna tanzt auf den fünf Häuptern des Schlangendämons Kaliya. Bronze, Museum Hyderabad

Krishnas zeigen in mancher Hinsicht erstaunliche Parallelen zu Jesus, was der Einwanderung der Yadavas aus Westen zugeschrieben wird; der Dämonenkönig Kansa von Mathura ist dem Herodes vergleichbar.

Krishnas Erdenleben gliedert sich in vier Abschnitte: Als Kind bestand er allerlei Abenteuer und Gefahren; so wollte ihn beispielsweise die Riesin *Putana,* die Tochter des Dämonenkönigs Bali, mit vergifteten Brüsten stillen und bedrohte ihn der Schlangendämon *Kaliya.* Im Jünglingsalter war Krishna der Schützer der Hirten und Herden und ein schalkhafter Liebhaber. Als Mann erfüllte er seine wichtigste Inkarnationsaufgabe, die Tötung des Tyrannenkönigs Kansa. In reiferen Mannesjahren regierte er als Fürst von Dwarka, griff als Freund der Pandavas in die Kämpfe gegen die Kauravas ein und verkündete die Bhagavadgita (Farbabb. 13).

Die Krishna-Legende: Vasudeva, ein Edler aus dem Stamme der Yadavas, heiratete *Devaki* (eine Inkarnation der Göttermutter Aditi), die Nichte des Königs *Ugrasena* von Mathura. Dessen mißratener Sohn *Kansa* usurpierte den Thron, warf den Vater in den Kerker, tyrannisierte das Volk und verbot den Vishnu-Kult, so daß die Zeit reif für eine neue Inkarnation des Hochgottes war. Nach einer Prophezeiung sollte Kansa durch einen Sohn seiner Cousine Devaki

a

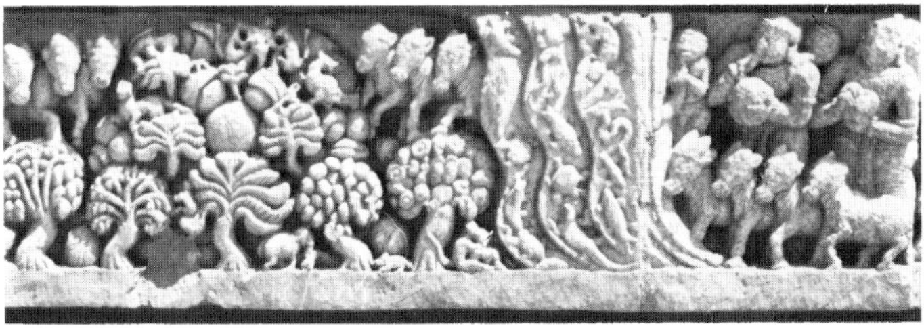

b

85a, b Yashoda mit Krishna und Balarama beim Buttern. Krishna erschlägt Putana, dahinter Balarama (a) – Die Heimkehr der Herden im Brinda-Wald an den Ufern der Yamuna bei Mathura (b). Keshava-(Vishnu)-Tempel von Somnathpur, Karnataka

getötet werden, daher ließ er ihre ersten sechs Nachkommen ermorden. Die beiden nächsten Söhne wurden auf wunderbare Weise gezeugt und gerettet: Vishnu riß sich ein weißes und ein schwarzes Haar aus der Brust; *Rohini,* die zweite Frau Vasudevas, gebar in Gokula ein hellhäutiges Kind, *Balarama,* Devaki kurz darauf einen dunklen Knaben, Krishna. Vasudeva brachte den Neugeborenen in einem Korb ans jenseitige Ufer der Yamuna zum Hirten *Nanda,* dessen Frau *Yashoda* soeben ein Mädchen geboren hatte. Dieses Kind wurde König Kansa gezeigt; als er es töten wollte, entschwebte es als Göttin in den Himmel. Daraufhin ließ der erboste König alle Knaben in Mathura und Gokula enthaupten (»Bethlehemitischer Kindermord«). Balarama und Krishna wuchsen unerkannt bei Nanda und Yashoda auf, trieben allerlei Schabernak, stahlen Milch, Butter und Herden, kippten Milcheimer um usw. Sie befreiten aber auch die Hirten von vielen Dämonen in Esels-, Büffel- und Pferdegestalt. Am bekanntesten ist der Tanz des Krishna auf den fünf Häuptern des Schlangendämons Kaliya (Abb. 84).

Als junger Kuhhirt (Gopala = Kuhschützer) entwendete er den Hirtinnen (Gopis oder Gopinis) beim Bad die Kleider, versteckte sie auf Bäumen, spielte mit seiner Flöte zum Reigentanz Ras-Lila oder Ras-Mandala auf und tändelte mit 84000 Geliebten (Farbabb. 9; Abb. 86, 87). Seine Favoritin war die Hirtin *Radha*.

Da die Hirten von Mathura dem Götterkönig Indra nicht genügend Ehre erwiesen, drohte er, sie durch Regenfluten samt ihren Herden zu vernichten. Krishna hob den Berg Govardhana sieben Tage lang mit dem kleinen Finger wie einen Schirm hoch, um darunter Menschen und Tiere vor den himmlischen Wassern zu schützen (Abb. 88). König Kansa war mittlerweile Kunde über Balaramas und Krishnas Wundertaten zuteil geworden. Er versuchte, sich ihrer durch verschiedene Dämonen zu entledigen; als alle Angriffe scheiterten, lud er sie zu einem Turnier in Mathura ein, doch auch die stärksten Ringer und die wildesten Kriegselefanten konnten die beiden Götter nicht überwinden. Krishna tötete Kansa und setzte den rechtmäßigen König Ugrasena wieder ein.

Nach einigen Jahren verließ Krishna mit den Yadavas das Gebiet von Mathura, und sie erbauten die Festung Dwarka auf der Halbinsel Gujarat. Als Fürst dieser Stadt unterwarf Krishna viele Feinde (gemeint sind barbarische Stämme), vor allem *Shishupala*, den König von Chedi. Ihm raubte er am Hochzeitstag die Braut *Rukmini* und heiratete sie selbst; sie gebar Krishna den Sohn *Pradyumna* (eine Inkarnation des Liebesgottes Kama, den Shiva mit seinem Stirnauge verbrannt hatte, als er ihn bei der Meditation störte). 16000 weitere Frauen befreite Krishna durch Heirat von ihren gewalttätigen Gatten. Als Freund und Wagenlenker der verwandten Pandavas beteiligte er sich an der Schlacht von Kurukshetra und verkündete Arjuna die Bhagavadgita (Farbabb. 13).

Im 36. Jahr nach dieser gewaltigen Schlacht nahte auch das Ende der Yadavas von Dwarka. *Sambha*, der mißratene Sohn Krishnas, hatte mit seinen Kumpanen die Weisen *Narada* und *Vishvamitra* verhöhnt. Die furchtbare Prophezeiung, daß Sambha eine schreckli-

86 Der Hirtengott Krishna hatte den Hirtinnen (Gopis) während des Bades in der Yamuna die Kleider entwendet (Enthüllung der »nackten« Wahrheit) und in den Baum (Lebensbaum, Baum der Erkenntnis) gehängt. Er sitzt in den Zweigen, während die Hirtinnen um ihre Gewänder bitten. Wandmalerei aus Ramgarh, Shekhavati-Gebiet, Rajasthan

che Keule zur Vernichtung der Yadavas gebären werde, erfüllte sich. Böse Vorzeichen konnten dem liederlichen Treiben in der Stadt keinen Einhalt gebieten, und Krishna hielt daher die Zeit für gekommen, sein Erdenleben zu beenden. Dem Munde Balaramas entschlüpfte die riesige Shesha-Schlange und kehrte zum Urozean zurück, Krishna wurde von einem Jäger aus dem Bhil-Stamm versehentlich durch einen vergifteten Pfeil in die Ferse getroffen. Mit seiner Rückkehr in den Himmel im Jahre 3102 v. Chr. begann das gegenwärtige schlechte Kali-Yuga.

87 Krishna als Venu-Gopala (Kuhschützer mit der Flöte); daneben eine Darstellung der Hirten-Idylle um Mathura. Tempel von Belur

88 Govardhanadhara (Träger des Govardhana): Krishna hebt den Berg Govardhana empor, um Hirten und Herden vor Indras Regenfluten zu schützen. Tempel von Halebid

89 Krishna und Radha im Brinda-Wald, umringt von Kühen. Messingtür im Maharaja-Palast von Jaipur

Die erotische Krishna-Radha-Dichtung und -Verehrung hat einen tiefen Symbolgehalt: So sind die Zahlen von 84 000 Geliebten und 16 000 Frauen als Zuneigung der Seelen zu Gott und umgekehrt zu verstehen; Krishnas Hauptgeliebte Radha (Abb. 89) ist die Personifizierung der Gottesliebe (Bhakti). Die Flöte versinnbildlicht den Menschen, der erst durch den Hauch des Schöpfers belebt wird und dann in Harmonie mit ihm erklingt. Zentren des Krishna-Radha-Kults sind Mathura, Puri in Orissa sowie Bengalen und Rajasthan. Mystisch-erotische Dichtungen an den göttlichen Geliebten verfaßten u. a. Jayadeva (Gitagovinda = Gesang des Kuhhirten aus dem 12. Jh.), Chaitanya, Rama-Krishna und die Rajputen-Prinzessin Mira Bai.

Krishna-Beinamen und -Formen: Bala-Krishna = Krishna-Kind; *Gopala* oder *Govinda* = Kuhschützer, Kuhhirt; *Venu-Gopala* = der Kuhschützer mit der Flöte (Venu) (Abb. 87); *Gopinath* = Herr der Hirtinnen; *Govardhanadhara* = Träger des Berges Govardhana (Abb. 88); *Shri Nathaji* = der heilige Herr, Bezeichnung Krishnas im Pilgerzentrum Nathadwara in Rajasthan.

Krishna als Jagannatha (Herr der Welt)

Das größte Krishna-Heiligtum Nordindiens ist Puri im Staate Orissa, wo alljährlich eine berühmte Wagenprozession stattfindet. In Puri werden *Krishna, Balarama* oder *Balabhadra* und deren Schwester *Subhadra* verehrt. Subhadra ist im Mahabharata die Gattin Arjunas, mit ihrem Bruder Krishna als *Jagannatha* hat sie Inzest-Beziehungen. Jagannatha ist die vishnuitische Form eines alten Fischergottes am Golf von Bengalen (englisch Juggernaut).

Über die Entstehung des Kultbildes von Puri wird folgende Legende erzählt: Vishnu erschien *König Indradyumna von Orissa* im Traume und gebot ihm, ein Bild von Jagannatha anfertigen zu lassen, um darin die Gebeine Krishnas zu bergen und zu verehren. Dies ist die seltene Form von Reliquienkult im Hinduismus, die wahrscheinlich von dem in Orissa einst verbreiteten Buddhismus herrührt. König Indradyumna bat *Vishvakarman = »Allmacher«*, den Architekten und Bildhauer der Götter, um die Anfertigung eines Kultbildes. Der göttliche Handwerker übernahm den Auftrag unter der Bedingung, daß er bei der Arbeit nicht gestört werde; doch der König brach das Gelübde, und so blieb die Statue bis heute roh und unfertig. Gerührt von Indradyumnas Flehen weihte Brahma das Kultbild und verlieh ihm Augen und Seele (Umschlagabb. Rückseite).

Balarama, Baladeva, Balabhadra oder Balaji

Der Kult des Balarama ist uralt und mit Ackerbau und Schlangenkult verbunden; im Hinduismus gilt er als Inkarnation der Shesha-Schlange, Bruder Krishnas und manchen Schriften zufolge als Verkörperung Vishnus. Balarama ist der trinkfreudige Gott der Pflüger und Pflanzer, worauf sein Hauptattribut, der Pflug (Hala), und sein Beiname Halayudha = der Pflugarmige hinweisen. Außer dem Pflug trägt er noch eine gewaltige Keule, deren Gebrauch er die Mahabharata-Helden Duryodhana und Bhima lehrte.

Die neunte und die zehnte Avatara: Buddha und Kalkin

Zu Beginn des gegenwärtigen Kali-Yuga verkörperte sich Vishnu als Buddha, beim Weltuntergang wird er als Kalkin erscheinen. *Buddha als Inkarnation Vishnus* ist nie ins Volksbewußtsein eingedrungen und stellt nur den priesterlich-spekulativen Versuch der Überwindung des Buddhismus durch Integrierung in den Vishnuismus dar. Dank seiner pantheistisch-monistischen Grundhaltung, wonach alle Erscheinungsformen unterschiedliche Offenbarungen des Absoluten sind, erlaubt der Hinduismus die Einverleibung aller beliebigen Formen, Menschen, Götter, Fabelwesen als Inkarnationen, Emanationen, Aspekte etc. eines jeweiligen Hochgottes. So wurden auch verschiedene Religionsstifter oder Heilige anderer Konfessionen zu Verkörperungen Vishnus erklärt.

Zum Abschluß des Kali-Yuga wird Vishnu als apokalyptischer Reiter *Kalki(n)* auf weißem Roß mit Flammenschwert die Kreaturen erlösen. Der für die vorderorientalischen Religionen Judentum, Christentum und Islam typische Messias-Gedanke floß in den Vishnuismus vermutlich durch den Islam ein. Kalkin dürfte auch eine Vergöttlichung des Militärkaisers Yashodharman sein, der im Jahre 533 n. Chr. die Weißen Hunnen (Hephtalithen) besiegte und ein kurzfristiges Großreich in Nordindien als Nachfolger der Gupta-Dynastie errichtete.

Darstellung: Dunkler Reiter auf weißem Pferd (Farbabb. 8), eventuell mit Pferdekopf; Hauptattribut: Schwert, dazu noch Schild etc. (Zur pferdeköpfigen Form Vishnus als Hayagriva vgl. Die erste Avatara als Matsya, S. 78.)

2 Vishnus Gemahlin Lakshmi oder Shri

Ursprünglich Mutter- und Fruchtbarkeitsgöttin, Personifizierung der Erde, später Göttin der Schönheit, des Glücks und des Reichtums, Hauptgemahlin Vishnus, auch in seinen Inkarnationen. Als *Vaishnavi* ist sie eine der Sieben oder Acht Mütter (Abb. 148).

90 Vishnu als Lakshmi-Narayana mit hoher Königstiara und den Emblemen Rad und Keule, umgeben von seiner Gemahlin Lakshmi mit Lotos und dem Sonnenadler Garuda mit langem Flügelkleid in Anbetungsgeste. Tempel von Changu Narayana, Nepal

Lakshmi ist in den heiligen Schriften unterschiedlicher Herkunft, gilt meist jedoch als eine der 14 Kostbarkeiten, aus dem Ozean geboren (Parallelen zu Aphrodite). Als Genius des Lichts ist ihr das große Lampenfest Dipavali, kurz Divali, geweiht, das alljährlich im Herbst abgehalten wird. In verschiedenen Mythen ist sie mit mehreren Göttern assoziiert, z. B. mit Varuna, Ganesha, Kubera, Surya, Prajapati-Brahma, meist jedoch mit Vishnu.

Namen und Beinamen: Der häufigste Beiname oder Name ist *Shri* = Glück, Gedeihen; ferner *Lokamata* = Mutter der Welt; *Maha-Lakshmi* = großes Zeichen, als Nachfolgerin der alten Lotos- und Muttergöttin, in der Triade der Göttinnen vertritt sie den Rajas-Aspekt, Schöpfung, Leidenschaft; *Indira, Chanchala* = die Unbeständige, als Liebesgöttin etc. In den Herabkünften Vishnus heißt sie: *Padma* oder *Kamala* = Lotos, als Gattin des Vamana; *Dharani* = Erde, als Gattin des Parashurama; *Sita* = Furche, als Gattin des Rama; *Radha* und *Rukmini* als Geliebte und Gattin des Krishna; als *Rukmini* ist sie auch die Mutter des Liebesgottes Kama, der als Pradyumna geboren wurde.

Darstellung: Lakshmi wird immer schön und gütig, nie aggressiv, abgebildet. Mit Vishnu hat sie zwei Arme, sonst vier, und trägt vishnuitische Attribute, Keule, Rad, Muschel, Lotos (Abb. 90), darüber hinaus häufig eine Frucht (Citrusfrucht = Jambhira oder Kokosnuß = Shrifala, das vegetabile »Ei« und Behälter des Lebenswassers) als Fruchtbarkeitszeichen, Schild, Nektarkrug etc. Als Vahana kann ihr Garuda dienen, häufig steht oder sitzt sie auf einem Lotossockel.

Darstellungen von Vishnu mit Lakshmi heißen *Lakshmi-Narayana.* Wenn Vishnu mit zwei Frauen abgebildet wird, so sind dies in Nordindien, vor allem in Bengalen, Lakshmi und Sarasvati, in Südindien heißt Lakshmi Shri und die zweite Gemahlin des Vishnu Bhu-Devi oder Bhumi-Devi, Göttin Erde (Abb. 91). Bhu-Devi wird auch von Varaha aus dem Ozean gehoben (Abb. 74).

91 Vishnu mit seinen Frauen Shri (rechts) und Bhu-Devi (links); in nordindischen Darstellungen sind dies Lakshmi und Sarasvati. Zeichnung aus Kerala

a) Gaja-Lakshmi

Ein beliebtes Glückszeichen der frühbuddhistischen und hinduistischen Bildsprache ist Gaja-Lakshmi. Es ist nicht nur an Höhlen- und freistehenden Tempeln und Stupas anzutreffen, sondern auch häufig am Türsturz von Hauseingängen, besonders in Südindien; in Nordindien nimmt Ganesha diesen Platz ein. Lakshmi wird sitzend (seltener stehend) von zwei Elefanten (Gaja) mit Wasser aus Krügen übergossen (Abb. 92). Die Elefanten sind königliche Tiere und Träger des Alls, die Lotosgöttin und lebensspendendes Wasser stehen für glückhafte Geburt, für Fruchtbarkeit und Segen. – Dasselbe Thema ist die *Weihe des Vishnu = Vishnu-Abhisheka*, das allerdings wesentlich seltener als Gaja-Lakshmi auftaucht. Dabei wird der auf der Weltenschlange Shesha oder Ananta thronende Vishnu (vgl. Adimurti; Abb. 67) von Göttinnen mit Wasser übergossen, um ihn zum ersten Weltbeherrscher zu weihen.

92 Gaja-Lakshmi, ein beliebtes Glückszeichen: Die Lotosgöttin wird von zwei Elefanten, den Trägern des Alls, aus Krügen mit lebensspendendem Wasser übergossen, die sie zur Mutter der Welt weihen. Lakshmana-Tempel von Khajuraho

3 Der Sonnenadler Garuda

Der Sonnenadler Garuda oder Garumat ist Vishnus Symboltier und der König der Vögel; er ist der Sohn des Götterpatriarchen Kashyapa und seiner Gattin Vinata. Sein Name Garuda weist ihn als Vernichter der Schlangen (Nagas) aus; gebissene Personen werden beispielsweise zum Garuda-Pfeiler im Tempel von Puri gebracht. In der Mythologie raubt Garuda den Unsterblichkeitstrank Amrita oder Soma und kämpft mit dem Götterkönig Indra.

Der königliche Adler versinnbildlicht Vishnus Sonnennatur. Vishnu ruht im Meditationsschlaf auf der kosmischen Schlange Ananta oder Shesha (Farbabb. 3; Abb. 67), der Verkörperung der Vitalität; Garuda ist das erobernde, lichte, geistige Prinzip und der ärgste Widersacher der erdgebundenen Schlangen: Vishnu vereint als absoluter Gott alle polaren Gegensätze in sich und hebt sie auf. Der Sonnenadler ist mit dem Urvogel der Schamanen Zentralasiens und der geflügelten Sonnenscheibe des Vorderen Orients verwandt.

Darstellung: Kombination von Mensch und Vogel. Einzeldarstellungen meist vor Vishnu-Tempeln in kleinen Pavillons oder auf Garuda-Pfeilern (Farbabb. 18; Abb. 178) kniend in Anbetungsgeste, Nagas im Arm tragend etc. Häufig als Träger Vishnus mit oder ohne seine Gattin Lakshmi (Abb. 68, 90), verschiedene Mudras und Embleme.

IV Der shivaitische Götterkreis

1 Shiva

Hinduistischer Hochgott, als Isha oder Ishana Welthüter des Nordostens. Für die Shivaiten ist Shiva der absolute Gott, der sich in unendlich vielen Formen offenbart und entsprechende Namen (etwa tausend!) trägt. In der Hindu-Triade (Trimurti) verkörpert Shiva die Zerstörung des Universums (vgl. Tamas-Guna), aus der Sicht der Vishnuiten ist er Vishnu untergeordnet.

Hauptmerkmale: Shiva ist *weiß (aschebeschmiert), rot oder schwarz* im Gegensatz zu den blauen oder schwarzen Vishnu und Krishna. Da Shiva seinen Offenbarungsformen entsprechend völlig konträre Erscheinungsformen haben kann, gibt es nur einige allgemeinverbindliche Erkennungszeichen des shivaitischen Götterkreises. Ein sehr wichtiges Identifizierungsmerkmal Shivas und der Gottheiten des shivaitischen Kreises ist die *Dreiäugigkeit* (Abb. 43, 93, 94), Zeichen der allumfassenden, über das natürliche Maß hinausreichenden Macht und Geistigkeit. Die zwei natürlichen Augen versinnbildlichen Sonne und Mond (Polaritätenvereinigung), das Stirnauge zeigt den destruktiven Aspekt (Feuer = Agni) Shivas an und ist gleichzeitig als flammender Durchbruch von Erkenntnis und daher als Weisheitsauge zu verstehen (vgl. Flammenkranz bei Nataraja; Abb. 100). Shivaiten tragen als Zeichen von Shivas Dreiäugigkeit drei waagerechte weiße Striche als Stirnmal (Tika, Tilaka). Auch das weitverbreitete Stirnmal in Form eines Punktes über der Nasenwurzel zeigt das mystische Weisheitsauge an (vgl. Symbolik des Dreizacks und der Mahesha-Murti; Abb. 98).

Haartracht: Flechtenkrone (Jata-Mukuta; Abb. 43, 54): Zeichen des Absoluten; *Haarknoten* (Ushnisha) oder *verfilzte Mähne* in Asketen- und Yogi-Aspekten (Dakshina-Murti, Bhikshatana-Murti; Abb. 108, 112); *Flammenhaar* (Jatajvala; Abb. 46) in destruktiven Aspekten.

93 In Nordindien Dreizack (Trishula) und Schlange (Naga)

94 In Südindien Axt (Kuthara) und Gazelle (Mriga)

Als Haarschmuck trägt Shiva meist einen *Halbmond* und ein Bildnis der *Göttin Ganga,* in zerstörerischen Manifestationen *Totenkopf, Schädelkranz, Schlangen* etc.

Symbolik: Der *Dreizack* (Abb. 93) weist Shiva als universellen Gott aus (ähnlich wie die Dreiäugigkeit), der nach den Prinzipien der Urmaterie dreifach in der Erscheinungswelt wirkt: Im Rajas-Guna erschafft er sie, im Sattva-Guna erhält er sie, im Tamas-Guna zerstört, d. h. verwandelt er sie zu neuem Leben oder geistiger Wiedergeburt. Im Mahayana-Buddhismus ist der Dreizack das Zeichen des Mahakala, der buddhistischen Form Shivas. Manche Forscher bringen den Dreizack mit indoskythischen Poseidon-Münzen der Shaka-Ära im nordwestindischen Gandhara in Verbindung.

Die *Schlange* (Abb. 93) ist das Zeichen der Lebensenergie und daher auch ein Fruchtbarkeitsattribut.

Die *Gazelle* (Abb. 94) trägt Shiva als Herr der Tiere und aller Lebewesen in den meisten südindischen Manifestationen. Gazelle und *Axt* (Abb. 94) weisen auf den berühmten Mythos von der Zerstörung des Opfers des Weisen Daksha hin, bei dem Shiva seine Oberhoheit über die vedischen Götter und seine Unabhängigkeit von blutigen Tieropfern demonstriert. Die Gazelle trägt er daher als Siegestrophäe (vgl. den Mythos von Uma/Parvati und Shiva, S. 191).

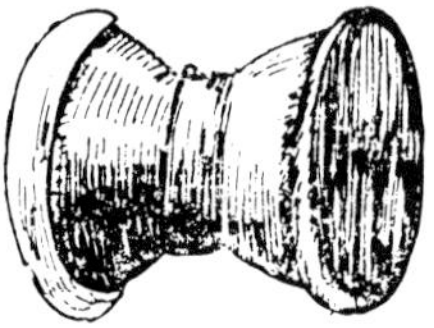

95 Sanduhrtrommel (Damaru)

Attribute, die mit Magie, Schamanismus, Askese und Yoga zusammenhängen und daher introvertiert und kontemplativ sind: *Sanduhrtrommel* (Damaru; Abb. 95); *Gebets- oder Rosenkranz* (Akshamala; Abb. 51); *Glocke* (Ghanta): aus dem Lotos = Mutterschoß entwickelt. In tantrischen Riten ist die Glocke das Zeichen des weiblichen Prinzips, das sich mit dem Vajra (Abb. 155) als Symbol des Männlichen zur mystischen Einheit der polaren Kräfte verbindet. (Weitere Zeichen der Polaritätenvereinigung: vgl. Abb. 20–22).

Die Sanduhrtrommel ist ein altes Schamaneninstrument im Himalaya. Im esoterischen Sinne symbolisiert sie den Ton als erste und zarteste Offenbarung des Absoluten in der Erscheinungswelt bzw. das feinste »Element«, den Äther. Das vishnuitische Gegenstück ist das Muschelhorn (Abb. 63).

Fruchtbarkeitsattribute: Citrusfrucht (Matalunga) = Äthersame, Keim des Universums; *Schlange* = Lebensenergie, Vitalität.

Der *Buckelstier (Vrishan)* ist seit der Induskultur mit dem Proto-Shiva verbunden (gehörnte Gottheit; Abb. 97); die Stiernatur ist ein Hauptmerkmal Shivas. In den ersten Jahrhunderten vor der Zeitenwende wird Shiva als Buckelstier dargestellt, dann menschengestaltig, und der Stier, namentlich der *Nandi-Bulle* (Farbabb. 11), wird sein Vahana. Urdhva-Linga: Shiva wird manchmal mit *erigiertem Glied* abgebildet. Viel häufiger ist jedoch das anikonische *Linga* (Abb. 15, 22) als Fruchtbarkeitszeichen.

Zerstörerisch-kriegerisch-heldisch-extrovertierte Attribute: Shiva trägt in zerstörerischen Aspekten Waffen, die im esoterischen Sinne vielfach Zeichen der Polaritätenvereinigung bzw. des aktiven und passiven Erlösungsweges und -zieles tantrischer Kulte sind. So bedeuten: *Schwert* = Erkenntnis und *Schild* = die schützende Weltordnung; *Beil* oder *Messer* = das aktive Durchtrennen der Wurzeln der Unwissenheit von der *Schlinge*, dem Zeichen der

◁ 96 Totenkopfstab (Khatvanga) mit Schlange

97 Gehörnte Gottheit im Yoga-Sitz, Menschen und Schlangen als Adoranten. Vorläufer Shivas als Pashupati (Herr der Lebewesen). Siegel aus Mohenjo-Daro, Induskultur

passiven Fessel an die Wiedergeburten. Der *Elefantenstachelstock* veranschaulicht das aktive Leiten der Seelen am Erlösungspfad (in Südindien auch Zeichen der Königsmacht; vgl. Indra); der *Donnerkeil (Vajra)* ist ein doppelter Dreizack, das Symbol des dreifach wirkenden Gottes. Alle diese Attribute können auch von anderen – meist tantrischen – Gottheiten getragen werden. Spezifisch shivaitisch sind hingegen das abgeschlagene Haupt Brahmas (Abb. 111) und der *Totenkopfstab* (*Khatvanga;* Abb. 96). Dieser Tantrikerstab weist Shiva als Herrn über Leben und Tod im Sinne der Ureinheit der Zwillingsgegensätze aus; Schlange = Lebensenergie, Totenkopf = Tod, daher Zeichen des ewigen Kreislaufs von Werden und Vergehen (Kette der Wiedergeburten).

Name, Herkunft, Charakteristika: Der Name Shiva wird unterschiedlich interpretiert; eine Ableitung vom Sanskrit bedeutet der »Gnädige, Freundliche, Huldreiche«. Die Hauptnatur Shivas ist vorarisch-dravidischen Ursprungs; daher wird sein Name auch mit einer dravidischen Wortwurzel in Verbindung gebracht, nach der Shiva der »Rote« heißt. Diese Bezeichnung gibt den zwiespältigen Charakter Shivas wider: Rot ist die Farbe der Schöpfung, aber auch des Schreckens und Verzehrens. Shivas Buckelstier ist ebenfalls antagonistisch zu verstehen: Einerseits bezeugt er den Fruchtbarkeitsaspekt Shivas, zum anderen seine kriegerisch-zerstörerische Natur.

Ein Vorläufer des hinduistischen Shiva, gewissermaßen ein Proto-Shiva, erscheint als *Pashupati = Herr der Tiere* bereits auf Siegeln der Induskultur (Abb. 97): eine gehörnte Gottheit mit erigiertem Glied im Yoga-Sitz, umgeben von Tieren, vor allem von Fruchtbarkeit verheißenden Schlangen. Der Stier weist Shiva in den Kreis lunearer Kulturen, im Unterschied zu Vishnus Sonnencharakter. Shiva absorbierte weitgehend den vedischen *Rudra* und viel von Agni. Rudra (der Heuler, Brüller) ist ebenfalls ein widersprüchlicher Gott, der Herr des Sturms, der Räuber, Jäger und der ungebändigten Natur, von Angst und Tod, aber auch ein hilfreicher Arzt (die dualistische Natur erinnert an den griechisch-thrakischen Dionysos). Der destruktive Aspekt des Feuers (Agni) drückt sich symbolisch vor allem in Shivas Stirnauge aus.

Die komplexe Gestalt Shivas ist schwierig zu ergründen. In ihm verschmolzen zahlreiche Lokal- und Stammesgötter unterschiedlicher Kulturkreise und -stufen zu seinen zahlreichen Aspekten = Murtis. So zeigt sein Schädelkranz Verbindungen zu den Kopfjägern Assams und Zentralindiens; die Sanduhrtrommel (Abb. 95) weist als altes Schamaneninstrument in den Himalaya, nach Tibet und Zentralasien, Stier, Yoga, Schlangen- und Phallusverehrung in das Industal, Tanz in die Himalayaländer und nach Südindien etc.

Für seine Anhänger ist Shiva der absolute Gott, der in der ganzen Natur wirkt und sich in unendlich vielen Formen offenbart, wobei sein Schöpferaspekt meist weiblich gedacht ist (Mahesha-Murti; Abb. 98). In der synkretistischen Hindu-Dreifaltigkeit (Trimurti) vertritt Shiva als *Mahakala* (der große Schwarze, die große Zeit) die Zerstörung des Universums.

Shiva ist ein unnahbarer, rätselhafter Gott, der im Gegensatz zu Vishnu kaum menschliche Züge aufweist. Die breiten Volksmassen verehren ihn vor allem im anikonischen Zeichen des *Phallus* (*Linga;* Abb. 15, 22). Sonst dienen ihm seine Anhänger vielfach durch magische, okkulte, obskure und tantrische Riten, wie Beschmieren mit Asche, Tragen des Linga, extreme Askese bis zur Gaukelei und

Fortsetzung des Textes auf S. 137

Erläuterungen zu den Farbabbildungen

1 Minakshi-Tempel von Madurai, Tamil Nadu

2 Vishvarupa, »Allgestaltige« Gottheit. Vishnu zeigt nach einer Vision aus der Bhagavadgita seine allumfassende Göttlichkeit und Macht als »Allgestaltiger« Vishvarupa, veranschaulicht durch Köpfe, Hände und Attribute mehrerer Gottheiten. Variante in Südindien: die große Göttin (Mahadevi) als universelle Gottheit mit den vishnuitischen Hauptattributen Rad und Muschel in den oberen beiden dunklen Händen. Deckenmalerei im Tempel von Chidambaram, Tamil Nadu

3 Vishnu als Narayana Anantashayi, auf der Weltenschlange im kosmischen Ozean ruhend. Steinskulptur in Budhanilkantha, Nepal

4 Die Variante dieses Themas: Dem ruhenden Vishnu entwächst aus dem Nabel ein Lotos, als erste Gestaltwerdung der Erscheinungswelt, auf dem der vierköpfige Schöpfergott Brahma thront. Vishnus Gemahlin Lakshmi massiert ihm die Füße, hinter Vishnu steht der Weise Narada mit der Stabzither. Volkstümliche Malerei auf Leinwand, Orissa

5 Die erste Herabkunft (Avatara) des Vishnu als Matsya, der Fisch: Der dunkelblaue, halb fischleibige Vishnu mit seinen Attributen Muschel, Rad, Lotos vernichtet den Dämon Hayagriva, der ein Krummschwert schwingt, und rettet die Menschheit vor der Flut, die die junge Schöpfung bedroht. Volkstümliche Malerei auf Leinwand, Orissa.

6 Die zweite Avatara als Kurma, die Schildkröte. Das Kirnen des Milchozeans zur Hervorbringung des Unsterblichkeitstrankes. Vishnu verkörpert sich als Schildkröte, um dem Berg Mandara als Quirlstock Halt zu verleihen. Auf dem Berg thront Vishnu menschengestaltig. Als Seil dient die Chaosschlange Vasuki. Die Götter, mit denen sich die hellhäutigen indoarischen Eroberer

identifizieren, werden rechts von Shiva – erkennbar an Asketenhaarschopf und den Emblemen Dreizack und Sanduhrtrommel – angeführt. Links ziehen die dämonischen Asuras, gleichgesetzt mit den dunkelhäutigen Eingeborenen, am Seil. Volkstümliche Malerei auf Leinwand, Orissa

7 Die sechste Herabkunft als Brahmanenkrieger Rama mit dem Beil (Parashurama), der den dunkelhäutigen Barbarenkönig Kartavirya als Sühne des Brahmanenmordes und der Entführung der heiligen Kuh erschlägt. Volkstümliche Malerei auf Leinwand, Orissa

8 Die zehnte Herabkunft als Kalki(n): Am Ende des gegenwärtigen schlechten Weltzeitalters wird Vishnu als Reiter auf weißem Pferd mit Schwert und Schild die Dämonen besiegen und die Lebewesen erlösen. Volkstümliche Malerei auf Leinwand, Orissa

9 Szenen aus dem Ramayana: Affen und Bären überschreiten die vom Affenheer erbaute Rama-Brücke (Ramasetu) zwischen Südindien und Sri Lanka, der Insel des Dämonenkönigs Ravana; Kämpfe zwischen Affen und Dämonen; rechts der Palast von Ayodhya, links Rama und Lakshmana als Bogenschützen auf einem Streitwagen. Den historischen Hintergrund bildet das Vordringen der Indoarier, gleichgesetzt mit Göttern, nach Süden und die Unterwerfung altindischer Stämme, weitgehend identisch mit Dämonen. Umrahmt werden die Ramayana-Szenen von einem Reigentanz (Ras-Mandala oder Ras-Lila) des Hirtengottes Krishna mit den Hirtinnen (Gopis). Der Tanz im Kreise versinnbildlicht das Lebensrad und die Leitung der Seelen durch Gott, dem sie in Liebe anhängen. Deckenmalerei aus Ramgarh, Shekhavati-Gebiet, Rajasthan

10 Tonpferd des Schutzgottes Aiyanar und ein grimmiger Kshetrapala, Schützer der Felder oder Gramadevata, Dorfgottheit. Südindischer Dorfschrein, Tamil Nadu

11 Shivas Reit- und Symboltier, der kolossale Nandi-Bulle, mit Glockenband, shivaitischem Stirnmal und reichem Blumenschmuck. Chamunda-Berg bei Mysore, Karnataka

12,13 Hinduismus in Indonesien

12 Prinz Rama, der Held des Ramayana und siebente Inkarnation Vishnus, mit Pfeilköcher. Tanzvorführung des Ramayana in Jogjakarta, Java

13 Krishna und Arjuna im Kampfwagen bei der Schlacht von Kurukshetra nach dem Mahabharata. Krishna ist hier nicht dunkel-, sondern hellhäutig dargestellt. Indonesischer Stoffdruck

14 Sarasvati, die Gemahlin Brahmas. Als Patronin der Musik und Kunst trägt sie eine Laute oder Stabzither, darüber hinaus Schwert und Schild als Zeichen des aktiven Erlösungsweges und passiven -zieles. Das Schwert zerschlägt die Knoten der Unwissenheit und die Fesseln der Wiedergeburt; der Schild als Symbol des Dharma schützt die Lebewesen auf dem Erlösungsweg und verheißt das statische Ziel. Höfische Spielkarte aus Mysore

15 Lingodbhava-Murti: die Entstehung des Linga. Shiva, stehend im Linga, mit den nordindischen Emblemen Dreizack und Schlange (sonst meist südindische Attribute Axt und Gazelle; vgl. Abb. 101), darunter Vishnu als dunkler Eber Varaha, der in die Tiefe taucht, oben fliegt Brahma als Wildgans Hamsa, um die Höhe des Linga zu ergründen. Nachdem Shiva sich als höchste Macht des Alls in der Feuersäule (Linga) offenbart hatte, huldigen ihm der vierköpfige Brahma auf seiner Gans und Vishnu auf dem Sonnenadler Garuda (links). Höfische Spielkarte aus Mysore

16 Uma-Maheshvara: Shiva und seine Gemahlin Uma oder Parvati. Shiva hält die typisch nordindischen Embleme Dreizack, Schlange und Gebetskranz. Als lokale Variante trägt Parvati ein Rajasthani-Gewand, nämlich einen genähten Rock mit Bluse. Am Sockel die Symboltiere der beiden Gottheiten: Shivas Stier (links) und Parvatis Löwe (rechts); in der Mitte der elefantenköpfige Sohn Ganesha. Bemalte Marmorskulptur aus dem Umaid Bhavan-Palast von Jodhpur, Rajasthan

17 Die Flußgöttin Yamuna, auf einer Schildkröte stehend. Metallplastik einer der beiden Torhüterinnen vor dem Palast von Bhaktapur, Nepal (vgl. Abb. 153)

18 Der Sonnenadler Garuda, menschengestaltig mit Vogelschwingen, in Anbetungsgeste auf dem Garuda-Pfeiler vor dem Krishna-Tempel kniend. Patan bei Kathmandu, Nepal

19 Ausschnitt aus einer Gruppe von 108 geschmückten Lingas, dem phallischen Zeichen Shivas. Brihadishvara-Shiva-Tempel in Tanjur, Tamil Nadu

20 Gayatri, die zweite Gemahlin Brahmas. Sie ist als Mutter der Göttlichen Offenbarung (des Veda) und Personifizierung des heiligsten Verses daraus, der Rigveda-Strophe an die Macht der aufgehenden Sonne (Gayatri- oder Savitri-Strophe), eine Gottheit des Priesterstandes und der »Zweimalgeborenen«, d.h. durch die heiligen Schriften Neugeborenen. Als Göttin auf rotem Lotos, Symbol der Entfaltung aus den Urwassern (Schöpfung), ist sie Vishnus Gemahlin Lakshmi vergleichbar, unterscheidet sich von dieser jedoch durch ihre fünf Köpfe. Auch

Brahma hatte einst fünf Köpfe als Zeichen universeller Geistigkeit. Zeitgenössische Malerei

21 Die dunkelblaue Kali, blutrünstige Nachfolgerin der alten Muttergottheit. Kali erscheint hier mehrköpfig und ausnahmsweise in lächelnder Form, jedoch wie üblich mit heraushängender Zunge, Schmuck von abgeschlagenen Händen und Schädeln. Als Göttin des shivaitischen Kreises trägt sie ein Stirnauge, eine Mondsichel im Diadem, einen Dreizack und einen abgeschlagenen Kopf als Attribute. Kali verkörpert die dynamische Natur, die hervorbringend und zerstörerisch wirkt. Bei ihren Anhängern ist sie ihrem Gatten Shiva, der regungslos unter ihr liegt, überlegen. Sie verkörpern den statischen Urgeist (Shiva) und die wandelbare Materie (Kali) und den ewigen Kreislauf von Werden und Vergehen. Volkstümliche Malerei aus Südindien

22 Chinnamasta, eine in Bengalen beheimatete kopflose Form der Durga. Die rote (oder dunkelblaue oder schwarze), schreckenerregende Göttin tränkt mit den Blutstrahlen ihres Halses den eigenen abgeschnittenen Kopf und zwei blutrünstige Dakinis. Hauptattribut ist das Schwert der Erkenntnis. Das kopulierende Paar Kama und Rati versinnbildlicht das statisch geistig-männliche Prinzip (Purusha) und das kinetisch materiell-weibliche Prinzip (Prakriti). Volkstümliche Malerei aus Mithila

1 Minakshi-Tempel von Madurai, Tamil Nadu

3 Vishnu als Narayana Anantashayi

2 Vishvarupa, »Allgestaltige« Gottheit

4 Vishnu, auf der Weltenschlange ruhend

5 Die erste Herabkunft (Avatara) des Vishnu als Matsya, der Fisch

6 Die zweite Avatara als Kurma, die Schildkröte

7 Die sechste Herabkunft als Rama mit dem Beil (Parashurama)

8 Die zehnte Herabkunft als Kalki(n)

10 Tonpferd des Aiyanar und ein grimmiger Kshetrapala

◁ 9 Szenen aus dem Ramayana, umrahmt von Krishna und den Hirtinnen beim Reigentanz

11 Shivas Reit- und Symboltier, der Nandi-Bulle

12 Prinz Rama, der Held des Ramayana, mit Pfeilköcher

13 Krishna und Arjuna im Kampfwagen

14 Sarasvati, die Gemahlin Brahmas

15 Lingodbhava-Murti: die Entstehung des Linga

16 Uma-Maheshvara: Shiva und seine Gemahlin Uma oder Parvati

17 Die Flußgöttin Yamuna, auf einer Schildkröte stehend

18 Der Sonnen-
adler Garuda in
Anbetungsgeste

19 Geschmückte Lingas, das phallische Zeichen Shivas

20 Gayatri, die zweite Gemahlin Brahmas

21 Die dunkelblaue Kali, blutrünstige Nachfolgerin der alten Muttergottheit

22 Chinnamasta, eine kopflose Form der Durga, und zwei blutrünstige Dakinis

Schaustellerei, Sexualriten etc. Shiva ist der Patron der echten und falschen Asketen, der Yogis, Tänzer und Wanderbettler. Er thront am Berg Kailash im tibetischen Himalaya, der als Abbild des mythischen Weltberges Meru gilt, ist in der Waldeinsamkeit in tiefe Meditation versunken, schaut als Asket und großer Lehrer zu seinen Anhängern nach Süden, zieht als Wanderbettler und Brahmanenmörder durch die Lande, erregt die Frauen der Rishis zu sinnlichem Verlangen, tändelt mit Parvati, bleibt aber doch keusch, übergibt seinen Samen dem Feuer, zeugt nur geistgeborene Söhne, tanzt den rasenden Tandava-Tanz, gewährt seinen Anhängern Gnade, vernichtet äußerst aggressiv Götter, Weise und Dämonen, die seine Oberhoheit nicht anerkennen wollen, und verschlingt am Ende einer Weltperiode die ganze Schöpfung, um sie nach einer Ruhepause erneut aus sich zu entfalten.

Obwohl Shiva ein uralter, »urindischer« Gott ist (oder gerade deswegen), war er längere Zeit als nicht »standesgemäß« im exklusiven Kreis der vedischen Götter der Arier angesehen. Zahlreiche Mythen und Legenden spiegeln die zähe Auseinandersetzung des frühen Shivaismus mit der vedisch-brahmanischen Religion und dem Vishnu-Kult wider. Die arischen Fürstengeschlechter Nordindiens und Nepals sahen sich in den ersten nachchristlichen Jahrhunderten dem königlich-heldischen Vishnu und seinen Inkarnationen Krishna und Rama weit mehr verbunden als dem Bettelyogi Shiva, den das Volk als Phallus verehrte; die Brahmanen verschmähten ihn, weil er Yoga und Wanderasketentum dem priesterlichen Opfermonopol vorzog. Abgesehen von frühen Asketenorden Nordindiens ging der endgültige Triumphzug des Shivaismus vom dravidischen Süden aus. Der größte shivaitische Theologe, *Shankaracharya,* aktivierte den Shiva-Glauben im 8. Jh. bis nach Nepal, wo volkstümliche und blutrünstige Shiva-Formen, wie Bhairava und Pashupati, den Vishnuismus überlagerten.

Schonungslose Eiferer des Shivaismus waren vor allem die südindischen Chola-Könige (8.–11. Jh.), deren Reich bis Hinterindien und Indonesien expandierte. Die Durchschlagskraft des Shivaismus basiert besonders auf der Fähigkeit, Kulte der großen Muttergöttin als Shaktismus und Tantrismus in ehemals matriarchalisch organisierten Gebieten zu integrieren.

Shivas Hauptmanifestationen, Namen und Beinamen

a) Friedvolle Manifestationen

Shiva als absoluter, kosmischer Gott	
Mahesha-Murti, auch *Maheshvara-Murti*	Die Erscheinung des großen Herrn (Abb. 98) Beinamen als universeller Gott: *Mahadeva* = großer Gott; *Isha* oder *Ishvara* = Herr; *Jageshvara* = Herr des Universums; *Bhuvaneshvara* = Herr der Erde; *Vishvanath* = All-Herr; *Sadashiva* = der ewige Shiva, fünf-, sieben- oder mehrköpfig (Abb. 99)
Niritta-Murtis	Shiva als *Nataraja* = König des Tanzes, im kosmischen Tandava-Tanz (Abb. 100); neun Grundformen und 108 Varianten
Lingodbhava-Murti	Die Entstehung des Linga, Shiva in der Feuersäule (Farbabb. 15; Abb. 101)
Vrishabha-vahana-Murti	Shiva mit seinem »Fahrzeug« = Vahana, dem Stier = Vrisha
Anugraha-Murtis	Der gnadegewährende Shiva
– *Kiratarjuna-Murti*	Shiva als Jäger = Kirata und der büßende Arjuna (Abb. 102, 103)
– *Ravananugraha-Murti*	Shiva bändigt und begnadigt Ravana (Abb. 104, 105)
– *Chandeshanugraha-Murti*	Shiva gewährt Gnade an Chandesha (Abb. 106) Weitere Gnadegewährungen an Vishnu, Vighneshvara = Ganesha, Nandi

Chandrashekhara-Murtis	Shiva als Mondbekränzter (Chandra oder Soma = Mond) oder Somnatha = Herr des Mondes; vor allem in Südindien verbreitetes Kultbild in zahlreichen Varianten eines gütigen, schönen Shiva; *Hauptmerkmal:* Halbmond in der Flechtenkrone, der aus dem Milchozean gewonnen wurde; *Grundform:* Kevala, zweiarmig mit Axt und Gazelle (Abb. 94) Varianten: *Vishapaharana:* außer Axt und Gazelle noch Giftschale in der rechten unteren Hand, um das Gift der Chaosschlange Vasuki zu trinken, wovon er eine blaue Kehle = Nilakantha erhielt; *Pashupati* = Herr des Viehs und der Seelen, also der Lebewesen, vierarmig mit Gebetskranz und Dreizack

In der klassischen Hindu-Ikonographie werden noch *Uma-Maheshvara, Uma-Sahita* und *Somaskanda* zu den Unterformen der Chandrashekhara-Murtis gezählt.

Yogi- und Dakshina-Murtis	Shiva als Yogi und großer Lehrer Namen: *Yogeshvara* = Herr der Yogis; *Mahayogi* = großer Yogi; *Lakulisha* = nordindischer Pashupata-Asket (Abb. 107); *Dakshina-Murti* = südliche Erscheinung, Shiva als großer Lehrer, nach Süden schauend (Abb. 108)
– *Vina-Dakshina-Murti*	Shiva als *Vinadhara* = Träger der Stabzither (Vina; Abb. 109)

Mahesha-Murti

Unter Mahesha-Murti versteht man die Darstellung Shivas als universeller, ewiger Gott, als *Maheshvara* oder *Mahesha* = großer Herr oder *Mahadeva* = großer Gott, der dreifach im Universum wirkt (Abb. 98). In der Trimurti werden die drei Funktionen von unterschiedlichen Göttern wahrgenommen: Brahma = Schöpfung, Vishnu = Erhaltung, Shiva = Zerstörung; in der Mahesha-Murti vereint Shiva als universeller Gott alle Funktionen und Aspekte in sich.

Als Embleme trägt er den Dreizack, der ihn als dreifach wirkenden und allumfassenden Gott ausweist, und eine Citrus-(Matalunga-)frucht, den Keim des Universums oder »Äthersamen«, Zeichen Shivas als ewiger Erneuerer des Lebens.

Sadashiva, der ewige Shiva

Fünf-, sieben- und mehrköpfige (bis zu 25) Shiva-Darstellungen zeigen ihn ebenfalls als universellen Gott. Die fünf Häupter (Panchavakta), sind auf die vier Haupthimmelsrichtungen und den Zenit bezogen und sind Ausdruck unterschiedlicher Aspekte bzw. Gemütszustände (Abb. 99). Das Antlitz im Zenit ist Ishana. Die Fünfersymbolik ist von der Samkhya-Philosophie beeinflußt (z. B. fünf sich vergröbernde »Elemente«, aus denen sich der Kosmos zusammensetzt) oder vom Mahayana-Buddhismus, der seinerseits auch Anregungen aus dem chinesischen Universismus (z. B. fünf Himmelsrichtungen, Farben, Elemente etc.) empfing. Auch die Siebenersymbolik kommt im Buddhismus vor.

Shiva als kosmischer Tänzer: Nataraja

Zu den großartigsten und tiefgründigsten Bildnissen Shivas gehört Nataraja, der König des Tanzes, oder Natesha, der Herr des Tanzes (Abb. 100). Im kosmischen Tandava-Tanz erschafft Shiva eine neue Welt und rafft sie wieder hinweg – Sinnbild des ewigen Kreislaufes

98 Mahesha Murti des Shiva. Höhlentempel von Elephanta bei Bombay, 8. Jh.

Rudra oder Aghora
(euphemistisch:
»der nicht
Schreckliche«)
Zerstörung =
Tamas-Guna
schwarz

Tatpurusha
»Höchstes Wesen«,
Shiva als
absoluter Gott
Erhaltung =
Sattva-Guna
weiß

Lalita oder Uma,
der spielerische,
weibliche Aspekt,
die wandelbare Natur
Schöpfung =
Rajas-Guna
rot

99 Der fünfköpfige Sadashiva als Asket, bekleidet mit Leopardenfell, sitzend auf einer Tigerdecke, mit den Hauptemblemen Dreizack und Sanduhrtrommel

von Werden und Vergehen. Shiva selbst als absoluter Gott lächelt erhaben über dieses Spiel (Lila) der Natur als wandelbare, vergängliche Illusion (Maya). Tanz und Meditation sind zwei unterschiedliche Wege zu Ekstase, geistiger Wiedergeburt und Vereinigung mit dem Absoluten. So vergegenwärtigen Shiva und Vishnu in den Kultbildern des Nataraja und Vishnu-Narayana (Farbabb. 3, 4; Abb. 67) verschiedene Schöpfungsvorstellungen und Erlösungswege: Shiva verkörpert den dynamischen Feueraspekt und die Zerstörung als Voraussetzungen für neues Werden; seine Anhänger vollziehen den aktiven Erlösungsweg des Yoga und tantrischer Rituale. Vishnu hingegen zeigt den statischen Aspekt des Meditationsschlafes auf dem Urozean, aus dem sich periodisch eine neue Welt entfaltet; seine Verehrer erfahren die Erlösung durch seine Gnade.

Das Thema des Shiva Nataraja ist in zahlreichen Varianten in Metall, Stein, Holz und Malerei vor allem in Südindien weit verbreitet. Die heiligen Schriften, z. B. das indische Tanzlehrbuch Bharata-Natyashastra, nennen neun Hauptformen und 108 Varianten der Tanzhaltungen, von denen die Lalitam- und Chaturam-Pose die bekanntesten sind. Auch die Maßeinheiten sind in den heiligen Büchern nach dem Talasystem genau fixiert; so soll sich u. a. von den oberen beiden Händen ein gleichseitiges Dreieck = weibliches Prinzip, hervorbringende Natur, zum Standbein nach unten sen-

100 Shiva als Nataraja, König des Tanzes, Apasmara, den Dämon der »Blindheit« zu Füßen, die Göttin Ganga im Haar, mit den Attributen Sanduhrtrommel (links) und Feuer (rechts), umgeben von einer Flammenaureole. Eine rechte Hand ist zur Geste der Schutzgewährung erhoben, ein linker Arm zeigt die Elefantenrüsselgeste (Gajahasta). Südindische Chola-Bronze, Museum Delhi

ken. Die Anzahl der Arme kann von zwei bis zehn variieren, wobei die vierarmige Form am häufigsten ist. Die Hände sind zu Mudras geformt und halten verschiedene Embleme, vor allem Sanduhrtrommel und Feuer.

Im Tandava-Tanz zeigt Shiva als kosmischer Gott *fünf Wirkungsbereiche:* die drei »Fäden«, die das Universum durchwalten und in Gang halten, nämlich Schöpfung, Erhaltung und Zerstörung, sowie zwei Phasen des Erlösungsweges, nämlich Verhüllung und Zerreißen des Schleiers der Unwissenheit. Das Bildnis des Shiva Nataraja ist demnach nicht nur ein mystisches Weltbild, sondern zeigt auch Erlösungsweg und -ziel an, wie die meisten hinduistischen Kultbilder Aufforderungen zum Heilsweg sind.

Schöpfung: Die Schöpfung wird angezeigt durch die Sanduhrtrommel in Shivas oberer rechter Hand. Der Ton ist die erste und zarteste Offenbarung des Absoluten in der Erscheinungswelt.

Erhaltung bzw. Vereinigung der Polaritäten: Die Gestalt Shivas veranschaulicht den absoluten Gott, der alle polaren Gegensätze in sich vereint bzw. aufhebt, so Schöpfung und Zerstörung, Materie und Geist, Weib und Mann, Kinetik und Statik etc.

Zerstörung: Die Vernichtung des Universums wird angezeigt durch das Feuer in Shivas oberer linker Hand.

Verhüllung: Geistige Stumpfheit und »Blindheit« werden versinnbildlicht durch den zwergenhaften Dämon Apasmara, der, unter Shivas Füßen kauernd, sich an das Rad des Lebens (die Feueraureole) klammert. Dieser Dämon ist nichts anderes als die Personifizierung der negativen Eigenschaften, die die Lebewesen an der Befreiung aus dem Kreislauf der Wiedergeburten hindern. In nordindischen Darstellungen tanzt Shiva auf dem Buckelstier, der in diesem Falle Egoismus und Stolz verkörpert.

Zerreißen des Schleiers der Unwissenheit: Geistige Wiedergeburt und Erlösung werden versinnbildlicht durch die Flammenaureole, die den tanzenden Shiva umgibt.

Feuer ist demnach einerseits das Zeichen der Zerstörung, aber auch die Voraussetzung für Werden, für das erneute Ingangsetzen des Lebensrades, des Tanzes und des Spiels der Natur. Besiegt der Mensch jedoch den Dämon der Blindheit, der ihn an dieses Rad der irdischen Wiedergeburten bindet, so zerreißt der Schleier der Unwissenheit im strahlenden Flammenkranz der Erkenntnis: Das Licht der Weisheit verwandelt die leibliche Wiedergeburt zur geistigen Erneuerung, gleichzusetzen mit der Erlösung und der Vereinigung mit dem absoluten Urgeist = Shiva.

Der Mythos vom Ursprung des Linga: Lingodbhava-Murti

Die Darstellung des Phallus als Fruchtbarkeitsidol reicht in die prähistorische Zeit Indiens zurück und war vermutlich verbunden mit einem Vorläufer des Rudra-Shiva. In den heiligen Schriften versuchten die Priester, die volkstümliche Linga-Verehrung mit dem Shiva der Hochreligion zu verbinden, mythologisch zu untermauern und gleichzeitig die Oberhoheit Shivas über die Götter Brahma, Vishnu und Agni zu demonstrieren.

Nach dem Mythos vom Ursprung des Linga erschien plötzlich am Himmel eine riesige Feuersäule, deren Höhe und Tiefe nicht abzuschätzen waren. Brahma flog in Gestalt der Wildgans (Hamsa) in den Äther empor, und Vishnu tauchte als Eber (Varaha) in die

101 Lingodbhava-Murti: Shiva (Mitte), stehend im Linga, links oben Brahma als Wildgans, rechts unten Vishnu als Eber. Links der stehende vierköpfige Brahma mit Gebetskranz und Krug, rechts Vishnu mit Rad und Muschel; beide huldigen in Anbetungsgeste Shiva als höchster Macht des Alls. Tempel von Darashuram, Tamil Nadu

Tiefe des Ozeans. Beide konnten jedoch Anfang und Ende der Säule nicht ergründen. Plötzlich nahm die Säule Linga-Form an und brach auf: Darin stand Shiva als höchste Macht des Alls und die übrigen Götter huldigten ihm.

Darstellung: Shiva, stehend im Linga, mit den Emblemen Kultaxt und Opfertier (Gazelle), der Siegestrophäe bei der Zerstörung von Dakshas Opfer, eventuell erigiertes Glied, oben Brahma als Wildgans, unten Vishnu als Varaha. Brahma und Vishnu können auf beiden Seiten in menschlicher Gestalt in Anbetungsgeste erscheinen (Abb. 101).

Der gnadegewährende Shiva

In den Anugraha-Murtis gewährt Shiva Beweise seiner Huld an seine Untergebenen, an freiwillige und zwangsweise Verehrer, so auch an Vishnu, der sich ihm aus shivaitischer Sicht in Anbetungsgeste zu nähern hat.

Shiva als Jäger und Arjunas Buße: Kiratarjuna-Murti

Das größte Basrelief der Welt in Mahabalipuram zeigt auf etwa 32 Metern Länge die Erscheinung Shivas als Dschungeljäger = Kirata, die Buße des Arjuna und die Herabkunft der Göttin Ganga (Abb. 102, 103). Die Legende entstammt einer der Passagen des Mahabharata, die Shiva als großen Gott preisen, während diese Stellung sonst meist dem heldischen Vasudeva-Krishna zukommt. Nach diesem Mythos gab sich der Pandava-Prinz Arjuna in der Waldeinsamkeit des Vor-Himalaya strengen Askeseübungen hin, um von Shiva göttliche Waffen im Kampf gegen die verwandten Kauravas zu erlangen. Shiva erschien plötzlich als Jäger und forderte Arjuna zum Zweikampf auf; dieser erkannte ihn rechtzeitig, huldigte ihm und erhielt die erhofften Feuerwaffen.

Die ganze Natur nimmt an der Erscheinung des großen Gottes Shiva Anteil: Götter kommen im typischen Knieflug, Menschen und Tiere, z. B. eine Katze, üben Yoga und Buße oder nähern sich

102, 103 Kiratarjuna-Murti. Details aus dem größten Basrelief der Welt in Mahabalipuram

102 Die Herabkunft der Göttin Ganga, angezeigt durch eine Rille, und Naga-Schlangen in Anbetungsgeste. Daneben Götter im Knieflug, Tiere; Mittagsandacht vor einem Götterschrein

103 Shiva erscheint als Dschungeljäger (Kirata), begleitet von zwei dickbäuchigen Gnomen seiner Scharen (Ganas), daneben Arjuna bei Askeseübungen im Himalaya

verehrungsvoll. Die Göttin Ganga, der heilige Strom Ganges, stürzt vom Himmel zur Erde herab. Im Gegensatz zur Gangadhara-Murti wird Ganga in diesem Falle (Abb. 102) nicht figürlich dargestellt, sondern das Flußbett durch eine Rille mit Schlangengeistern (Nagas) aus der Wassertiefe veranschaulicht.

Shiva bändigt und begnadigt Ravana: Ravananugraha-Murti

Der zehnköpfige Dämonenkönig Ravana von Sri Lanka hatte seinem Halbbruder, dem Reichtumsgott Kubera, den Himmelswagen gestohlen. Als er damit in die Nähe des Berges Kailash, der Residenz Shivas im Himalaya, flog, hielt das Gefährt plötzlich inne. Der affenähnliche Zwerg Nandishvara, einer von Shivas Scharen (Ganas), klärte Ravana darüber auf, daß Shiva bei seinen Vergnügungen, z.B. beim Brettspiel, ungestört sein wolle und es daher verboten sei, sich ihm zu nähern. Ravana verspottete den Zwerg, der ihn verfluchte, daß er durch Affen seines Reiches beraubt werden solle. Der Dämonenfürst schob seine zwanzig Arme unter den Berg Kailash (Abb. 104, 105) und schüttelte ihn so heftig, daß sich Parvati erschrocken an ihren Gemahl Shiva schmiegte, der mit einer einzigen Zehe den Berg in seine ursprüngliche Lage versetzte. Ravana schrie unter der Pein, als seine Arme zerquetscht wurden, so laut, daß die Erde erbebte, und flehte Shiva um Vergebung an, die ihm gnädig gewährt wurde.

Shiva als Asket und großer Lehrer: Yogi- und Dakshina-Murtis

Als Schutzherr der Asketen und Yogis heißt Shiva *Yogishvara* = Herr der Yogis oder *Mahayogi* = großer Yogi und zeigt die typische Yogi-Ausstattung, nämlich Asketenknoten (Ushnisha) mit Mondsichel, nackt und aschebeschmiert, sitzend auf Leoparden- oder Tigerfell (als Zeichen des »Durstes«, der Begierde, die in Yoga und Meditation überwunden werden sollen), Schlangen und Antilopenfell als Heilige Schnur und Überwurf; Hauptembleme: Sanduhrtrommel, Dreizack, Flagge. (Yoga-Posituren: vgl. Abb. 31, 32.) In Yogi-Ausstattung wird Shiva entweder allein oder als Hauptfigur mehrerer Legenden dargestellt.

Lakulisha (Der Herr mit der Keule) ist ein frühes Kultbild in Nordindien, in dem ein Reformer des Pashupata-Ordens als »Herabstieg« Shivas verehrt wird. Er ist der Hausgott der Maharanas von Mewar, der Sisodia-Dynastie aus dem Guhilot-Stamm, im heutigen Bundesstaat Rajasthan.

Darstellung: Stehend, mit Dreizack über den Schultern, eventuell erigiertes Glied oder sitzend in Yoga-Haltung, mit Dreizack und Schlange (Abb. 107). Mit der Darstellung des vergöttlichten Asketen und Lehrers Lakulisha gelangten Dreizack und Schlange nach Südindien. Auch der vom Buddhismus angeregte Baum (Buddha unter dem Baum der Erleuchtung in Gaya und als Künder der Heilslehre in Sarnath) wurde in Südindien für Bildnisse Shivas als großer Lehrer und Yogi übernommen.

104 Ravananugraha-Murti: Der zehnköpfige Dämonenkönig Ravana von Sri Lanka zückt ein Schwert und schüttelt mit seinen vielen Armen den Götterberg Meru (Kailash), auf dem Shiva mit seiner Gattin Parvati thront. Tempel von Belur

105 Dasselbe Thema (vgl. Abb. 104) in anderer Darstellung: Der zehnköpfige Ravana unter dem Berg, auf dem Shiva und Parvati in lässiger Haltung thronen. Minakshi-Tempel von Madurai

107 Lakulisha, ein vergöttlichter Asket der Pashupata-Sekte des 8. Jh. und Hausgott der Sisodia-Maharanas von Mewar (Rajasthan), als Form Shivas: Yoga-Haltung, Flechtenkrone mit Mondsichel, Schlangen- und Juwelenkollier; Attribute: Dreizack und Schlange (abgebrochen); Frucht, huldigende Götter; oben der vierköpfige Brahma und seine Shakti. Museum Indore

◁ 106 Chandeshanugraha-Murti: Shiva gewährt seinem Verehrer, dem Hirtenknaben Chandesha Gnade und legt ihm eine Girlande als Zeichen seiner Huld aufs Haupt. Als Varianten dieses Themas erscheinen in Südindien auch die Chola-Könige als Chandesha. Unten zwei Rishis; neben Shiva mit den Emblemen Axt und Gazelle seine kleine Gattin Parvati. Minakshi-Tempel von Madurai

109 Vinadhara, der Träger der Vina (Stabzither), als Patron von Musik und Kunst; eine Variante der Dakshina-Murti. Zu Füßen wiederum der Dämon Apasmara, Verkörperung der Unwissenheit und »Blindheit«, daneben eine pferde- und eine papageienköpfige Gottheit als Adoranten. Minakshi-Tempel von Madurai

◁ 108 Dakshina-Murti: Shiva als Yogi und großer Lehrer in Südindien unter einem Baum, dem Zeichen der Erleuchtung, mit den Emblemen Schlange und Dreizack (von Lakulisha-Darstellungen aus Nordindien übernommen); unter seinem rechten Fuß Apasmara, der Dämon der »Blindheit«, daneben zwei Rishis. Minakshi-Tempel von Madurai

Dakshina-Murti = südliche Erscheinung, ist ein in Südindien weitverbreitetes Kultbild, das Shiva als Yogi und großen Lehrer zeigt (Abb. 108). »Südliche Erscheinung« heißt diese Darstellung, weil Shiva im Himalaya meditiert und zu seinen Schülern nach Süden blickt. Sie zeigt aber auch den zerstörerischen Aspekt des Gottes, denn die Sonne des Südens wirkt verzehrend und steht daher mit Tod und Vergänglichkeit in Verbindung. Hauptmerkmal Shivas als Dakshina-Murti ist eine große, verfilzte Asketenmähne. Darüber hinaus ist Dakshina-Murti stets sitzend, eventuell mit Yoga-Band um die Knie geschlungen, immer ohne weibliche Partnerin (Asketenaspekt!), kann jedoch von Adoranten, beispielsweise Rishis, umgeben sein. Hinter Dakshina-Murti ragt ein Baum – Zeichen der Erleuchtung – auf, zu seinen Füßen kann der Dämon der Verblendung = Apasmara kauern.

Eine Variante ist *Vina-Dakshina-Murti* (Abb. 109), bei der Shiva als Patron von Musik und Tanz eine Stabzither = Vina hält, ein Emblem, das sonst typisch für Sarasvati (Abb. 55, 56) und den Weisen Narada als Führer der himmlischen Musikanten ist.

b) *Aggressive und zerstörerische Formen*

Aghora-, *Samhara-* oder *Ugra-Murtis*	Shiva in zerstörerischen und schrecklichen Aspekten
– *Gajasura-Samhara-Murti*	Shiva tötet den Elefantendämon Gajasura (Abb. 110)
– *Kankala-Murti* und *Rudra-Bhairava-Formen*	Shiva als Brahmanenmörder, der Verlust von Brahmas fünftem Kopf (Abb. 111)
– – *Bhikshatana-Murti*	Shiva als Bettelasket (Abb. 112)
– *Kamantaka-Murti*	Shiva verbrennt den Liebesgott Kama mit seinem Stirnauge zu Asche

– *Andhakasura-vadha-Murti*	Shiva tötet den Dämon Andhaka (Abb. 115)
– *Kalari-Murti,* auch *Kalahara*	Shiva ersticht den Todesgott Yama (oder Kala = die Zeit) mit dem Dreizack und bewahrt Markandeya vor dem Tod (Abb. 114)
– *Tripurantaka-Murti*	Rudra-Shiva erobert als Bogenschütze die drei Städte (= Tripura) der Dämonen (Abb. 116)
– *Sarabesha-Murti*	Shiva tötet als furchtbares Ungeheuer Narasimha, die vierte Inkarnation Vishnus

Zu den schrecklichen Erscheinungsformen Shivas gehören vor allem im Volksglauben die *64 (8 × 8) Bhairavas*, die *elf Rudras* = *Ekadasha-Rudra,* wichtigster davon ist *Virupaksha,* und die *Kshetrapalas* = Schützer der Felder (Farbabb. 10; Abb. 113). Als Herr der Geister heißt Shiva *Bhutanatha.*

Shiva als Töter des Elefantendämons: Gajasura-Samhara-Murti

Nach dem Kurma-Purana attackierte einst ein Elefantendämon = Gajasura die priesterliche Zelebration vor einem Shiva-Linga. Der Gott entstieg seinem anikonischen Zeichen, tötete den Dämon, schwang die Elefantenhaut als Siegestrophäe und tanzte darin (Abb. 110).

Nach einem anderen Text wollte der Asura Andhaka Shivas Gemahlin Parvati rauben. Nila, der Gefährte des Andhaka, nahm die Gestalt eines Elefanten an, der von Virabhadra, Shivas geistigem Sohn (Abb. 130), erschlagen wurde. Virabhadra brachte die Elefantenhaut seinem Vater, der darin tanzte.

110 Gajasura-Samhara-Murti: Shiva tanzt in der Elefantenhaut, nachdem er den Elefantendämon Gajasura erlegt hat. Minakshi-Tempel von Madurai

Shiva als Brahmanenmörder und Bettelasket: Kankala- und Bhikshatana-Murti

Mehrere heilige Schriften berichten unterschiedlich von Shiva als Brahmanenmörder, der überaus aggressiv seine Oberhoheit über Brahma und den Opferkult der Priesterklasse erzwingt und dann büßend durch die Lande zieht.

Brahma gab sich vor den Rishis als Schöpfer aus und verweigerte die Anerkennung Shivas als Ursprung aller Wesen und höchstem Gott. So nahm Shiva die furchtbare Form des *Bhairava* (der Schreckliche) an und schlug Brahma das fünfte Haupt ab (Abb. 111). Um die schwere Schuld des Brahmanenmordes zu sühnen, zog er als Wanderbettler = *Bhikshatana* mit Brahmas Schädelschale umher (Abb. 112). Die Frauen der sieben Rishis, die Krittikas, spendeten ihm Almosen und wurden geschlechtlich durch ihn erregt; Shiva blieb jedoch unberührt oder wurde nach anderen Texten ebenfalls lüstern nach ihnen.

Shiva ging zu Vishnu, um zu erfragen, wie der Brahmanenmord zu sühnen sei. Aber Vishvaksena, der Torhüter Vishnus, war Brahmane und verweigerte ihm den Zutritt. Bhairava tötete auch ihn und lud abermals die Schuld des Brahmanenmordes auf sich. Vishnu gebot Bhairava, mit dem Leichnam des Vishvaksena zu den Ufern der heiligen Ganga zu gehen, um sich von seiner Blutschuld reinzuwaschen. An der Stelle, wo Shiva sich wusch, liegt seine heilige Stadt Kashi = Varanasi oder Benares.

Darstellung:

Bhikshatana-Murti (Abb. 112): nackter Bettelasket, verfilzte Mähne, mit den Emblemen Dreizack und Sanduhrtrommel, Schädeldecke Brahmas als Almosenschale, Gazelle;

Bhairava oder *Rudra-Bhairava* (Abb. 111): furchterregendes Äußeres, Schädelkrone, Schlangen- und Schädelschmuck, mit den Emblemen abgeschlagener Kopf Brahmas und Totenkopfstab aus den Knochen des Vishvaksena, von Schlange umwunden;

Kal Bhairava = der schreckliche Schwarze ist die volkstümliche Form Shivas als Mahakala = der große Schwarze, die große Zeit, des Herrn der Zeit (Kala) und des Todes; der schwarze Bhairava,

112 Bhikshatana-Murti: Shiva als nackter Bettelasket mit verfilzter Haarmähne, den Emblemen Dreizack und Sanduhrtrommel, begleitet von einer Gazelle. Die Frau eines der sieben Rishis, eine der sechs Krittikas (Pleiaden), spendet ihm Almosen. Südindisches Holzrelief, Berlin, Museum für Indische Kunst

◁ 111 Shiva als Bhairava mit dem abgeschlagenen Haupt Brahmas sowie Dreizack, Schwert und Sanduhrtrommel als Embleme, Schädelkranz, Schlangen- und Schädelgirlanden; Skelette (Dakinis) als Begleiterinnen. Tempel von Belur

113 Kshetrapala, eine Form Shivas als Gott niederer Volksschichten, begleitet von einem großen Hund, der den Dharma versinnbildlicht. Embleme: Sanduhrtrommel, Donnerkeil (Vajra), Schlinge. Flammenhaar, Stirnauge, Schädelgirlande. Kshetrapalas sind Schützer der Felder und heiliger Bezirke und Torhüter an shivaitischen Tempeln. Ekambareshvara-Tempel von Kanchipuram

angetan mit Schlangen- und Schädelschmuck und begleitet von einem furchtbaren Hund, ist vor allem in Nepal der Lieblingsgott der breiten Volksmassen.

Kshetrapala = Schützer der Felder und heiliger Bezirke (Abb. 113) ist ebenfalls eine Form Shivas als Gott niederer Volksschichten, der von einem großen Hund begleitet wird. Hund und Esel sind Tiere unterer Kasten, die in Verbindung mit zerstörerischen und blutrünstigen Aspekten Shivas und seiner Shakti (Kali, Kalaratri,

Shitala etc.) oder Dorfgottheiten stehen. Eine populäre Form Shivas mit einem Hund ist in Maharashthra *Khandehrao* oder *Khandobha;* als Reiter mit Hund heißt er Martanda Bhairava.

Die *64 Bhairavas* sind schreckliche Begleiter Shivas oder seine Teilmanifestationen. Die *Kshetrapalas* bewachen als Schützer heiliger Bezirke shivaitische Tempel. Als Hüter der Felder gehören sie zu den Dorfgottheiten: Große Lehmfiguren in den shivaitischen Farben Weiß, Rot, Schwarz, mit furchterregendem Äußeren, Flammenhaar, Hauern etc. beschirmen, unter freiem Himmel sitzend, die Flur. In Südindien stehen sie in Verbindung mit den Tonpferden des Gottes Aiyanar (Farbabb. 10).

Shiva als Besieger des Todes: Kalari-Murti

Dieser tiefgründige Mythos zeigt Shiva als Überwinder des Todes und Schützer seiner Verehrer. Als die prophezeite kurze Lebenszeit des Brahmanensohnes *Markandeya* nach 16 Jahren abzulaufen drohte, erschien der Todesgott *Yama,* der Herr der Zeit *(Kala),* um sein Opfer in Empfang zu nehmen. Shiva entstieg dem Linga, das Markandeya umklammert hielt, und durchbohrte mit seinem Dreizack, dem Zeichen seiner allumfassenden Macht, den zu Boden gestürzten Kala (Abb. 114). Daher wird Shiva auch *Kalahara* = Hinwegraffer des Todes genannt. Markandeya wurde von seinem Retter Unsterblichkeit verliehen, und er huldigt Shiva kniend im Gebet.

Shiva als Eroberer der Dreiwelt: Tripurantaka-Murti

Diese Erzählung aus dem Mahabharata berichtet von der Gewinnung der Oberhoheit Shivas über die vedischen Götter. Die drei Söhne des Asura Andhaka hatten von Brahma durch Askese den Segen erhalten, daß ihre drei Burgen oder Städte (Tripura) nur von einem einzigen Pfeil zu Fall gebracht werden könnten. So geschützt, attackierten die Dämonen die Götter, die in ihrer Hilflosigkeit zu

114 Kalari- oder Kalahara-Murti: Shiva tötet mit seinem Dreizack den Todesgott Yama, die Personifizierung der Zeit (Kala); links der kleine Markandeya, den Shiva vor dem Tod schützt. Tempel von Madurai

116 Tripurantaka-Murti: Shiva, der Nachfolger des vedischen Rudra, erobert als Bogenschütze die drei Burgen (oben rechts) der Asuras und wird dadurch Herrscher über die Dreiwelt. Der vierköpfige Brahma fungiert als Wagenlenker; vier Pferde (zwei sichtbar) bedeuten vier Veden; Brahma auf der Lotosblüte als Schöpfergott (rechts Mitte). Museum Delhi

Rudra-Shiva kamen. Er versprach Hilfe, verlangte jedoch von jedem Gott die Hälfte seiner Kraft. So wurde Shiva mächtiger als alle anderen Götter, er wurde zum Mahadeva, zum großen Gott, besiegte die Burgen der Asuras und machte sich die Dreiwelt – Himmel, Erde und Unterwelt (Svarga, Bhumi, Patala) – untertan.

Darstellung: Shiva, der Nachfolger des vedischen Rudra, als Bogenschütze in einem Streitwagen, der von Brahma gelenkt wird; die vier Rosse versinnbildlichen die vier Samhitas des Veda (Rigveda etc.; Abb. 115, 116).

◁ 115 Andhakasura-vadha- (oder Samhara)-Murti: Shiva tötet den Asura Andhaka. Embleme: Totenkopfstab, Sanduhrtrommel, Dreizack etc. Rechts Kali als Skelett, links das Pferd des Dämons. Tempel von Halebid

c) Shiva in Verbindung mit dem weiblichen Prinzip

Ardhanar-Ishvara	Der Herr, der halb Frau ist, Mann-weibliche Form (Abb. 122)
Gangadhara-Murti	Shiva als Träger der himmlischen Ganga im Haar (Abb. 100)
Kalyanasundara-Murti	Die göttliche Hochzeit von Shiva und Parvati (Abb. 126) im Tempel von Madurai, Shiva als *Sundareshvara* und *Minakshi*
Alingana-Murti	Shiva umarmt Uma/Parvati
Uma-Maheshvara	Shiva-Maheshvara und Uma, auch mit den Kindern Ganesha und Skanda (Farbabb. 16; Abb. 123)
Hara-Gauri	Shiva als Hara = Hinwegraffer und Gauri-Uma oder Gauri-Shankar, in Nordindien und Nepal übliche Bezeichnung für Shiva und seine Shakti (Abb. 124)
Uma-Sahita	Uma, nahe bei Shiva, in Nord- und Mittelindien übliche Bezeichnung für Shiva und Uma
Somaskanda	Shiva, Uma und Skanda in Südindien (Abb. 125)

Die anikonische Darstellung als Linga und Yoni

Weit älter als figürliche Darstellungen Shivas ist das phallische »Zeichen, Merkmal« = Linga (oder Lingam). Zahlreiche Funde der Indus- oder Harappa-Kultur (etwa 2800–etwa 1400 v. Chr.) lassen auf einen ausgeprägten Fruchtbarkeitskult schließen; im Rigveda bezeichnen die Aryas die unterworfenen Dravidas des Industales als

117 Ein Gesichtslinga zeigt verschiedene Aspekte Shivas an

Phallusanbeter. Die Verehrung von Phallus (Linga; in Nepal: Guhya) und Vulva (Yoni; in Nepal: Guhe oder Jaldri) blieb im Volksglauben stets erhalten und ist im Hinduismus mit dem Kult Shivas und seiner weiblichen Energie = Shakti verbunden. Das Linga ist die Mulamurti, die »Wurzelform«, die erste Gestaltwerdung Shivas.

Die simpelste, noch heute gebräuchliche Darstellung der männlichen und weiblichen Geschlechtsorgane sind Loch oder Topf und Stein. Aus der Industalkultur sind eiförmige Phalli (Ei = Ureinheit von Mann und Weib, kosmisches Ei) oder konische Steine erhalten (Abb. 118), im Laufe der Zeit wurde der Phallus zylinderförmig mit gewölbter Deckkappe. Der Sockel oder ein Ringstein versinnbildlichen den Mutterschoß (Abb. 119, 121). Eine komplizierte Ikonographie schreibt genaue Maßeinheiten von Linga und Yoni vor. Gesichtslingas (Mukha-Linga) zeigen verschiedene Aspekte Shivas an (Abb. 117); so entspricht ein Linga mit fünf Gesichtern (Pancha-Mukha-Linga) dem fünfköpfigen Sadashiva. Lingas mit 108 oder

118 Frühform des Linga als eiförmiger Stein. Museum Karachi

119 Linga in der Yoni als Ringstein. Museum Karachi

120 Linga mit tausend Gesichtern. Bhuvaneshvar

121 Linga mit Figuren in reichgeschmücktem Sockel (Yoni). Kotah in Rajasthan

1000 Gesichtern zeigen die Allgegenwart und universelle Macht Shivas an (Abb. 120). Die Yoni dient vielfach auch als Abflußrinne für Wasser und Schmelzbutter, die über Linga und Yoni gegossen werden (Abb. 22).

Die ersten Verehrungsstätten der Yoni von Shivas Shakti sind nach der Mythologie dort zu suchen, wo 51 Teile des Leichnams der Sati zur Erde herniederfielen. Von den zahllosen Lingas sind *zwölf Ur-Lingas* besonders heilig; Shiva bezeichnet sich den heiligen Schriften zufolge in diesen zwölf Pilgerstätten als besonders gegenwärtig, z. B. in Rameshvaram, Ujjain, Varanasi und Somanatha in Gujarat.

Im philosophisch-esoterischen Sinne der Polaritätenvereinigung gilt das Linga als Zeichen des ewig unveränderlichen, statisch-geistig-männlichen Prinzips oder Urgeists = Purusha, die Yoni als Symbol des wandelbaren, kinetisch-weiblichen Prinzips, der Urmaterie oder Natur = Prakriti. Zeichen der Verwobenheit von Geist und Materie, von transzendenter und empirischer Welt sind beispielsweise auch die Dreiecke nach oben und unten (Hexagramm; Abb. 20, 21). Figürliche Darstellungen und abstrakte Bildzeichen der Polaritätenvereinigung durchziehen die gesamte hinduistische Bildsprache.

Die Mann-weibliche Ureinheit: Ardhanar-Ishvara

Ardhanar-Ishvara = »Der Herr, der zur Hälfte weiblich ist« ist eine zweigeschlechtliche Darstellung Shivas. Das Absolute ist nach hinduistischer Vorstellung ein ungeteiltes Ganzes, das sich anfänglich als Ureinheit (Ur-Androgyn = Mann/Weib), symbolisiert durch Ei oder Punkt, manifestiert. Diese Ureinheit teilt sich in die polaren Gegensätze Mann und Frau, die im Urzeugungs- und -schöpfungsakt die vielfältige Erscheinungswelt hervorbringen (Abb. 122). Darüber hinaus stellt Ardhanar-Ishvara eine Verbindung von Kulten Shivas mit denen weiblicher Gottheiten (Shakta-Kulte) dar.

122 Ardhanar-Ishvara: der zweigeschlechtliche Shiva (links männlich, rechts weiblich), gestützt auf den Buckelstier, rechts einen Spiegel haltend. Elephanta bei Bombay

Darstellung:

Rechte Seite männlich: Shiva	linke Seite weiblich: Uma oder Parvati (Shakti)
Flechtenkrone mit Mondsichel und Schädel	weibliche Haartracht oder Topfkrone
männlicher Körper	weit ausladende Hüfte, weibliche Brust
Dreizack (in Nordindien) oder Axt (in Südindien) und Schlange	Spiegel (Darpana) = Zeichen der Schönheit und der sichtbaren Welt als Illusion und Lotos als Zeichen des Mutterschoßes, der Geburt
Vahana: Stier	

Shiva und seine Familie

Shiva und seine Shakti – Uma, Parvati oder Gauri – werden häufig als zärtliches Paar, sitzend oder stehend, eventuell auf dem Stier oder auf Leoparden- und Tigerfellen, mit oder ohne Kinder, den elefantenköpfigen Ganesha und den sechsköpfigen Karttikeya, dargestellt (Farbabb. 16; Abb. 123). Die Shakti ist stets wesentlich kleiner, wie es der indischen Frau zukommt. Unter Alingana-Murti versteht man eine Darstellung Shivas in zärtlicher Umarmung seiner Shakti.

Familienbildnisse Shivas tragen regional verschiedene Bezeichnungen:

Nordindien und Dekkhan: *Uma-Maheshvara* = Uma und der große Herr oder *Hara-Gauri* = Shiva/Hara und Gauri (Abb. 124);

Nepal: *Gauri-Shankar;*

Dekkhan und Südindien: *Uma-Sahita* = Uma, nahe bei Shiva, *Somaskanda* = Shiva, Uma und Skanda (Abb. 125).

Eine spezifisch südindische Darstellung, namentlich in Bronzen der Chola-Zeit, zeigt Shiva mit Uma sitzend und den kleinen Skanda in der Mitte. In spielerischer Sitzpositur baumelt je ein Bein des

123 Uma-Maheshvara: Shiva mit seiner Familie im Himalaya. Shiva in Yogi-Ausstattung (aschebeschmiert, Schlangenkollier, Tigerfell als Umhang, Leopardenfell als Sitzdecke) bereitet in einer Schale Hanf zu. Uma/Parvati liebkost den elefantenköpfigen Ganesha, daneben ihr Vahana, der Löwe; davor Shivas Nandi-Bulle und der sechsköpfige Karttikeya, davor sein Pfau und ganz rechts Ganeshas Ratte. Miniaturmalerei aus Kangra, Museum für Indische Kunst, Berlin

124 Hara-Gauri: Shiva/Hara mit seiner Gattin Gauri auf dem Nandi-Bullen, im Sockel die spielenden Kinder Ganesha und Skanda. Museum Indore

125 Somaskanda: Shiva mit den typisch südindischen Attributen Axt und Gazelle; daneben Uma und der Sohn Skanda. Zeichnung von Peter Keilhauer nach einer Bronze der Chola-Zeit

Elternpaares herab. Shiva trägt die typisch südindischen Embleme Axt und Gazelle, eventuell noch Schale und Dreizack (Abb. 125). Diese Triade ist eine Abwandlung der alten Dreiergruppe der Induskultur, der Muttergöttin Amma, des Herrn der Tiere = Pashupati als Proto-Shiva und des Murugu, der tamilischen Form des Skanda. Im esoterischen Sinne verkörpert Shiva hier das Sein, die Existenz (Sat), Uma das Wissen (Cit) und Skanda die Seligkeit, Wonne (Ananda).

Die Vermählung Shivas mit Parvati: Kalyanasundara-Murti

In nordindischen Darstellungen legt Himavat, der Himalaya, die Hand seiner Tochter Parvati in die Shivas. Brahma hütet als Hauspriester der Götter das Opferfeuer, das die Brautleute siebenmal umschreiten; heiliges Wasser wird in einem Krug herangetragen. Zahlreiche Götter, Rishis, Ganas (Shivas dickbäuchige Kobolde), Apsaras und Gandharvas mit ihrem Leiter, dem Weisen Narada mit der Stabzither, nehmen an der Zeremonie teil. In Südindien übergibt Vishnu als Bruder Parvatis die Braut dem göttlichen Bräutigam, die beiden Frauen Vishnus, Shri und Bhu-Devi, sind zugegen. Im großen Tempel von Madurai heiratet Shiva als Sundareshvara Minakshi, die Fischäugige. Sie ist eine alte Fischergöttin der Tamilen, Prinzessin von Madurai und Inkarnation der Parvati.

In südindischen Bronzen werden Shiva und Parvati ohne Begleitfiguren als göttliches Brautpaar dargestellt. Shiva als Bettelasket mit den Emblemen Axt und Gazelle legt seine Hand in die Parvatis.

Die Herabkunft der Ganga: Gangadhara-Murti

Der heilige Strom Ganga floß ursprünglich als Milchstraße nur im Himmel; über ihre Herabkunft zur Erde, ihre Demütigung durch Shiva, ihre Integrierung in den shivaitischen Götterkreis und ihre Kraft zur Sündenvergebung berichtet folgender Mythos: Sagara, ein König der Ikshvaku-Sonnen-Dynastie von Ayodhya, hatte 60000 mißratene Söhne. Als er ein Pferdeopfer zelebrieren wollte, stahl der Götterkönig Indra das heilige Roß und band es an der Waldeinsiedelei des Weisen Kapila (eine Inkarnation Agnis) fest. Sagaras Söhne hielten ihn für den Dieb und wollten ihn töten, doch er verbrannte sie durch die Kraft seiner Askese zu Asche. Kapila riet dem verzweifelten König, die Asche seiner Söhne durch die Reinigungskraft der Ganga zu entsühnen und sie damit zu erlösen. So übte Bhagiratha, ein Verwandter des Königs, so lange Askese, bis Ganga versprach, zur Erde herabzukommen, wenn irgendjemand die Gewalt ihrer Wassermassen auffangen könne. Shiva erbot sich,

126 Kalyanasundara-Murti: die Hochzeit Shivas mit Parvati in südindischer Form. Shiva mit Hochzeitsgirlande, Mondsichel im Haar, Gazelle als Emblem; in der Mitte Parvati mit Topfkrone; links Vishnu, der als Bruder der Parvati heiliges Wasser in die Hände des Brautpaares gießt. (In Nordindien übergibt Parvatis Vater Himavat die Braut an Shiva.) Tempel von Madurai

Ganga zu bändigen; sie stürzte sich siegessicher herab, um Shiva zu zerschmettern, doch er fing sie mit seinen Haaren auf und leitete sie über die Erde. Die Asche der 60000 Vorfahren Bhagirathas wurde entsühnt.

Darstellung: Shiva fängt Ganga im Haar auf und beschwichtigt die eifersüchtige Parvati. Als Attribut trägt er meist den Dreizack. Shiva trägt Ganga vielfach als Schmuck im Haar, beispielsweise auch als Nataraja (Abb. 100; Ganga als selbständige Göttin: vgl. Abb. 153).

2 Shivas Söhne

a) Ganesha oder Ganapati

Gott der Klugheit, des Lernens, der Wissenschaft und Politik, Herr der Scharen (Ganas) des Shiva (Isha), daher Ganesha; Entferner von Hindernissen am Erlösungsweg, Schutzgott der Vaishya-Klasse, der Wohlstand, Geschäftserfolg, glückliche Reise gewährt und als alter Fruchtbarkeitsgenius ein beliebtes Hausidol und Schützer von Eingängen ist. Alljährlich ist ihm im August/September das große Badefest Ganesha-Chaturthi in Bombay gewidmet, bei dem unzählige Tonfiguren im Ozean gebadet und versenkt werden.

Herkunft: Ursprünglich wohl ein Dämon, dann ein Fruchtbarkeitsgenius, worauf noch der große Bauch (wie bei Kubera und den Yakshas) und manchmal ein erigiertes Glied hinweisen. Ganesha ist häufig als Fruchtbarkeitsidol in Verbindung mit Linga, Yoni und Schlangensteinen an Dorfschreinen anzutreffen und begleitet die Sieben oder Acht Mütter. Gauri oder Parvati können eine Ganesha-Statuette als Fruchtbarkeitszeichen in Händen halten. Ganesha steht auch in Verbindung mit Ackerbau und Ernte, versinnbildlicht durch die Ratte. Bei der Integrierung dieses alten Fruchtbarkeitsgenius in den Shivaismus wurde er zum geistigen Sproß Shivas oder Sohn der Parvati.

Legenden: Über Ganeshas Geburt und seinen Elefantenkopf berichten mehrere, teils recht eigentümliche Mythen. Parvati soll aus ihrem Badewasser, aus Essenzen und Öl eine männliche Gestalt geformt und durch ein Bad in der heiligen Ganga zum Leben erweckt haben. Als Shiva nach längerer Abwesenheit heimkehrte, schlug er dem fremden Mann vor Parvatis Türe den Kopf ab. Sie jammerte um ihren Sohn, und Shiva setzte ihm den Kopf des ersten Wesens, das sich nahte, nämlich eines Elefanten, auf.

127 Der elefantenköpfige Ganesha mit seiner kleinen Shakti auf seiner Ratte. Als Hauptembleme hält er Rad und Lotos, auf seinen Fruchtbarkeitsaspekt deutet der dicke Bauch, auf seine Zugehörigkeit zum shivaitischen Götterkreis u. a. die drei waagerechten weißen Striche auf dem Bauch und auf der Stirn sowie das Stirnauge und ein kleiner Dreizack in einer Hand. Tempel von Madurai

Nach einer anderen Legende lud Parvati nach der Geburt eines Sohnes die Götter stolz und glücklich ein. Alle bewunderten das Kind, nur Shani, der schwarze Planet Saturn, wollte es nicht anschauen, um es einem Fluch zufolge nicht durch seinen Glanz zu verzehren. Auf Parvatis Bitten wandte sich Shani doch um, und der Kopf des Kindes wurde abgetrennt. Brahma und Vishnu verliehen ihm einen Elefantenkopf. Aus vishnuitischer Sicht ist Ganesha der Sohn Vishnus, nach einem anderen Mythos der geistige Sproß Shivas ohne Zutun eines Weibes. Den zweiten Stoßzahn verlor Ganesha im Kampf gegen Parashurama, der seinen Vater Shiva besuchen wollte. Ganesha erkannte ihn nicht und verwehrte ihm den Eingang, worauf ihm Parashurama einen Stoßzahn abschlug.

Darstellung: Dickbäuchiger Mann, Elefantenkopf mit nur einem Stoßzahn, Stirnauge (shivaitisch), reich geschmückt mit Juwelen, Schlangen etc., Heilige Schnur; stehend oder sitzend auf seinem Symboltier oder auf einem Sockel; mit oder ohne Shakti; Tanzformen; meist einköpfig, selten vierköpfig (in Hinterindien), fünf- oder mehrköpfig (Abb. 127).

Symboltier: Ratte oder Maus, selten Löwe (als fünfköpfiger Heramba).

Shakti: Riddhi und Siddhi = Überfluß und Gedeihen, Shri-Lakshmi, Pushti = Bhumi-Devi oder Sarasvati.

Embleme: Gefäß mit Süßigkeiten = Laddu, zweiter Stoßzahn, Lotos, Muschel, Rad, Elefantenstachelstock, Schlinge, Beil, Buch, shivaitische Embleme sowie Stabzither als Patron der Musik und Kunst.

Beinamen: Hastimukha = Elefantengesicht; *Vinayaka* als Dämon (auch im Buddhismus); *Heramba* in der fünfköpfigen Form; *Ekadanta* = Einzahn; *Vighneshvara* etc.

Symbolik: Ganesha stürmt durch die Hindernisse am Erlösungsweg wie ein Elefant durch den Dschungel. Ratte oder Maus sind Zeichen der Schläue, da sie sich Zugang zum verschlossenen Getreidespeicher verschaffen, und stehen in Verbindung mit Ackerbau und Ertrag. Auf Fruchtbarkeit weisen der dicke Bauch und das erigierte Glied hin. Der fünfköpfige Heramba ist die Abwandlung des fünfköpfigen Shiva (Sadashiva; Abb. 99).

b) Skanda, Karttikeya oder Subrahmanya

Hinduistischer Kriegsgott, Gott des Planeten Mars (Mangala oder Angaraka), Begleiter der Sieben oder Acht Mütter, im negativen Aspekt Patron der Diebe, der Kinderkrankheiten, Ehefeind, dessen Schrein von Frauen nicht besucht wird (in Maharashthra).

Namen: In Nordindien *Karttikeya* benannt nach seinen sechs Ziehmüttern, den Pleiaden = Krittikas; in Nord- und Südindien

128 Der sechsköpfige Karttikeya oder Skanda auf seinem Pfau, der gerade eine Schlange vertilgt (Symbol der Verwandlung von Gift = Sündentilgung). Tempel von Madurai

129 Die einköpfige Form des Skanda mit hoher Juwelentiara. Hauptkennzeichen ist in diesem Falle ein Meißel (Thanka), eine Lanzenform als Abwandlung von Donnerkeil bzw. Dreizack. Südindische Bronze, Museum Delhi

Skanda = Spritzer, Springer, Ausgießung, *Kumara*, der Jüngling; in Südindien meist *Subrahmanya* oder *Murugu (Murugan)* als alter Schlangengott der Tamilen, in Sri Lanka Kataragama.

Herkunft: An Skandas wundersamer Zeugung und Geburt waren nach verschiedenen Mythen mehrere Gottheiten beteiligt, vor allem Shiva, Agni, Ganga, Uma/Parvati, die sechs Pleiaden, Svaha. In Nordindien gilt Skanda meist als Sohn von Shiva bzw. Agni und Ganga, im Süden von Shiva und Uma/Parvati (vgl. Somaskanda).

Der Same Shivas war zu stark, um von Parvati getragen zu werden, deshalb spritzte er ihn ins Feuer (Agni), das ihn ins Wasser der Ganga spie; daher heißt Skanda auch Gangaputra = Sohn der Ganga. Ganga lagerte den Samen im Uferschilf, und die sechs Pleiaden = Krittikas gebaren ein sechsköpfiges Kind, das nach ihnen Karttikeya benannt wurde. Nach einer anderen Legende erlangte Uma/Parvati Shivas Samen auf wunderbare Weise unter Mitwirkung Agnis, und Indra versenkte ihn im Wasser der Ganga. Skanda als Agneya = Sohn Agnis: Der Feuergott Agni war lüstern nach den sechs Pleiaden, den Frauen der sieben Rishis (Saptarishis). So nahm Agnis vernachlässigtes Weib Svaha sechsmal die Gestalt einer Krittika an, empfing jedesmal einen »Keim« Agnis, der in die Ganga geworfen wurde etc.

Vahana und *Tiergestalt:* Hahn (Kukkuta) und Pfau (Mayura), beide geformt aus dem getöteten Dämon Taraka, in Südindien auch Elefant. Der Hahn ist die Tierform und als Herold zur morgendlichen Schlacht das spezifische Emblem des Kriegsgottes; bei nordindischen Stämmen ist der Hahnenkampf sehr beliebt. Darüber hinaus versinnbildlicht der Hahn die aufgehende Sonne und die Überwindung des Todes; im negativen Sinne die Verleumdung. Der Pfau gilt als kampflustiger »Springer« (vgl. Name Skanda!) und ist imstande, Giftschlangen, d.h. Feinde, zu vernichten. Im esoterischen Sinne: Der Pfau verwandelt Gift und ist daher ein Zeichen der Sündentilgung; sein Rad ist ein Sonnensymbol.

Skakti: Kaumari (Gattin des Kumara), Devasena.

Darstellung: 23 Aspekte mit unterschiedlichen Namen, ein- oder sechsköpfig, in Südindien auch mehr, zwei bis zwölf oder mehr Arme, selten im Yoga-Sitz (Abb. 128, 129).

Hauptembleme: Speer (Shakti), angefertigt vom göttlichen Bildner Vishvakarman (»Allmacher«) aus Teilen der Sonne (Suryas), Kukkuta (Hahn), Meißel (Thanka) als Varianten von Dreizack und Donnerkeil, Banner (Dhvaja) mit Hahn, Pfeil, Bogen, verschiedene shivaitische Waffen.

c) *Virabhadra*

Virabhadra ist eine zornvolle Emanation oder geistiger Sohn Shivas, dessen Mund er zur Vernichtung des Weisen Daksha entsprang. Als heldische Gottheit (Virabhadra = Heldenglanz) ist er der Patron von Vijayanagara, dem letzten großen Hindu-Reich am Dekkhan vor der muslimischen Eroberung; seine Partnerin ist Bhadrakali (Abb. 147).

130 Virabhadra, geistiger Sohn oder heldischer Aspekt Shivas, Schutzgott des Vijayanagara-Reiches am Dekkhan. Stirnauge, Schädelkranz, Hauer sowie die Attribute Schwert, Schild, Pfeil und Bogen weisen auf seine kriegerisch-zerstörerische Natur hin. Links steht der ziegenköpfige Weise Daksha in Anbetungsgeste. Zeichnung von Peter Keilhauer nach einer Steinplastik aus Vijayanagara

131 Aiyanar, der Schutzgott der Tamilen, auf weißem Roß, darunter zahlreiche Begleiter, wie Apsaras und Rishis, sowie Adoranten. Dorfheiligtum bei Madurai

132 Ayyappa oder Sastha, eine Form des südindischen Gottes Aiyanar in Kerala, Sohn von Shiva und Mohini, der weiblichen Form Vishnus; Yoga-Haltung mit Yoga-Band

Darstellung: Grimmige Manifestation mit Schädelgirlande, Schwert, Schild, eventuell Pfeil und Bogen, den ziegenköpfigen *Daksha* in Anbetungsgeste zur Seite (Abb. 130).

d) Aiyanar

Für den alten Schutzgott der Tamilen, der nachts über die Felder reitet, werden Votivpferde aus Ton aufgestellt. Da Aiyanar in ganz Südindien sehr populär ist, wurde er durch priesterliche Spekulation zu einem Sohn Shivas und Mohinis (der weiblichen Form Vishnus) erklärt; daher heißt er auch Hari-Hara-Putra = Sohn von Hari = Vishnu und Hara = Shiva. Darüber hinaus sind die Namensformen *Arya, Sastha* und *Ayyappa* in Kerala üblich. In seinem Kult verbinden sich Shivaismus (Bad mit heiligem Wasser, Bestreichen mit Asche) und Vishnuismus (Dekoration mit Blumen, Lichtern, Bestreichen mit Sandelpaste).

Darstellung: Schöner, reichgeschmückter Jüngling mit hoher Tiara, auf Pferd oder Elefanten unter freiem Himmel reitend, in Kerala in verschiedenen Formen, auch als Yogi in Schreinen, verehrt (Abb. 131, 132).

V Der weibliche Götterkreis

Die Phänomene von Geburt und Tod haben seit Urzeiten die Menschen früher Kulturstufen bewegt. Kulte der großen Muttergöttin (Kybele, Astarte, Ischtar, Astaroth, Anahita, Rhea, Magna Mater etc.) stehen in Verbindung mit seßhaften Ackerbaukulturen des Vorderen Orients und des Industales. Zahlreiche Funde der Indus- (oder Harappa)-Kultur brachten Terrakotta-Statuetten nackter Frauen zutage und lassen auf einen ausgeprägten Kult von Muttergottheiten schließen, die im indischen Volksglauben stets lebendig blieben. Trotz etwa 1000jähriger Überlagerung durch die vaterrechtliche Gesellschaftsstruktur und männliche Gottheiten der vedischen Arier lebte seit den ersten Jahrhunderten vor der Zeitenwende die Verehrung weiblicher Gottheiten wieder auf und floß ab etwa 500 n. Chr. als *Tantrismus* und *Shaktismus* verstärkt in Buddhismus, Jainismus und vor allem Hinduismus ein. Weibliche Gottheiten spielen in der indischen Hauptreligion eine bedeutende Rolle. Namentlich in Gebieten mit einst mutterrechtlicher Gesellschaftsstruktur, wie Assam, Bengalen, Orissa und im dravidischen Süden, blieb ein selbständiger Kult der Muttergöttin erhalten. Als Dorfgottheit oder im höheren Hinduismus trägt sie dann vielfach verschiedene Bezeichnungen für Mutter, wie *Amba, Ambika, Amma, Mata, Matrika* etc., oder Mutter der Welt = *Jagadamba, Jagadmata* etc. Oder sie wird *Devi* = Göttin oder *Mahadevi* = große Göttin genannt. Ihre Anhänger, die Shaktas, sehen das Urprinzip des Universums nicht männlich, sondern weiblich. Die

133 Sita, eine Inkarnation der Lakshmi, Gattin des Rama, mit Brustband, Lotosblüte als Attribut. Südindische Bronze, Museum Delhi

134 Parvati, Gattin des Shiva, mit Heiliger Schnur, in lässiger Sitzhaltung. Südindische Bronze, Museum Delhi

Ahnherrin der Shakta-Kulte ist die Göttin *Mahalakshmi* (große Lakshmi; nicht zu verwechseln mit Lakshmi), aus der alle Wesen, männlich und weiblich, emanieren und die ganze Welt hervorgeht. Sie ist die hinduistische Nachfolgerin der großen Lotosgöttin der Induskultur, der Wassergeborenen, die mit der Göttin Erde der Ackerbauern als Urquell des Lebens verschmolz.

Nicht nur in der Zeit des Vedismus und Brahmanismus, sondern auch im eigentlichen oder jüngeren Hinduismus fand eine teilweise Überlagerung des Kults der großen Muttergöttin durch die männlichen Hochgötter Shiva und Vishnu statt. Sie wurde zur *Shakti,* das ist die weibliche Energie eines Gottes, die aktive, hervorbringende Natur oder Urmaterie als Gegenpol zum ewig unveränderlichen Geist, personifiziert in Shiva oder Vishnu. Da die Natur wandelbar und vergänglich ist, heißt sie auch *Maya* oder *Mahamaya* (die empirische Welt als Illusion = Maya). Der Shaktismus spielt vor allem im shivaitischen Götterkreis eine hervorragende Rolle, weni-

135 Kali, die zornvolle Shakti des Shiva, mit Flammenhaar, Hauern, Heiliger Schnur und den Attributen Dreizack (abgebrochen) und Schlinge. Südindische Bronze, Museum Delhi

136 Chamunda, eine zornvolle Manifestation der Durga, mit aufgelöstem Haar, Stirnauge, Heiliger Schnur aus Schädeln, Dreizack als Emblem. Nordindische Steinskulptur, Museum Delhi

ger wichtig ist er im Vishnuismus (Lakshmi) und in Verbindung mit Brahma (Sarasvati).

Die Entschlüsselung der Bildsprache weiblicher Gottheiten ist wesentlich schwieriger als die der Götter. Mahalakshmi entläßt aus sich selbständige Göttinnen oder solche, die mit Vishnu, Shiva oder anderen Göttern verbunden und ihnen untergeordnet sind. Darstellungen der Mahalakshmi sind selten; sie trägt Dreizack (Shiva) und Keule (Vishnu) und als Fruchtbarkeitsembleme eine Frucht (Citrus- oder Matalunga-Frucht oder Kokosnuß) oder Blätter. Aber nicht nur die Assoziierung der Mahalakshmi und ihrer Emanationen mit mehreren Göttern ist verwirrend. In den Mythen verschiedener theologischer Systeme, unterschiedlicher Regionen und Stände kann ein und dieselbe Göttin gänzlich konträrer Herkunft, Stellung und Zuordnung sein, sie kann beispielsweise als Gattin, Mutter, Schwester, Tochter ein und desselben Gottes auftreten, gleichzeitig mit mehreren verbunden sein usw.

Parallel zur männlichen Dreifaltigkeit (vgl. Trimurti) entstand auch eine *weibliche Triade* als Verkörperung der drei Urprinzipien, die das Universum durchwalten. Je nach theologischer Richtung können demnach Schöpfung (Rajas-Guna), Erhaltung (Sattva-Guna) und Zerstörung (Tamas-Guna) von verschiedenen Göttinnen wahrgenommen werden. So bilden beispielsweise Lakshmi (Schöpfung), Sarasvati oder Gauri (Erhaltung) und Mahakali (Zerstörung) oder Lakshmi-Durga-Sarasvati eine Triade. Im Volksglauben heißt eine Verbindung dieser drei Göttinnen *Santoshi-Mata.*

1 Devi im Shivaismus

Analog zu Shiva offenbart sich Devi oder Mahadevi in unendlich vielen Formen und Namen. Im Devi Mahatmya oder Chandipatha des Markandeya-Purana sind 108 Varianten der großen Göttin aufgeführt. Gütige und mütterliche Erscheinungsformen der Devi, wie Parvati, Uma, Gauri, Ambika, sind meist Shiva untergeordnet, während heroische, destruktive und jungfräuliche Manifestationen (Durga, Kali, Kanya-Kumari) vielfach Shiva überlegen sind und in eigenen Tempeln verehrt werden. In diesen Gestalten leben am deutlichsten der alte Kult der großen Muttergottheit, die grausam und gnädig ist, und mutterrechtliches Gedankengut weiter.

Mehrere alte Korn- und Erntegöttinnen sowie Nahrungsspenderinnen, wie Gauri, Uma, Parvati, Annapurna, Ganga etc., wurden in den Shivaismus integriert. Als Shiva einige vedische Götter absorbierte, übernahm er auch deren Gefährtinnen, so Kali vom Feuergott Agni, Ambika, Uma, Parvati, Haimavati von Rudra, Gauri von Nirrita oder Varuna. Die Grenzen zwischen den gütigen Aspekten der Gattin des Shiva, wie Uma, Parvati, Gauri, sind fließend, die Darstellungsformen und Mythen überschneiden einander vielfach oder sind widersprüchlich. Eine Legende kann in mehreren Varianten und entsprechenden ikonographischen Formen ihren Niederschlag finden.

Uma ist der Name, unter dem die Gefährtin Shivas erstmals genannt wird, und zwar vornehmlich als Tochter des Weisen

Daksha, während Parvati meist als Tochter des Himavat = Himalaya gilt.

a) *Der Mythos von Uma/Parvati und Shiva*

Der Rishi *Daksha,* Sohn des Brahma und oberster Opferpriester der Götter, veranstaltete für seine Tochter *Uma* (»Licht, Erkenntnis«) eine Swayambara, die in vedischer Zeit übliche freie Gattenwahl der Braut. Zum Entsetzen ihres Vaters und der Götter überreichte sie die Hochzeitsgirlande an *Rudra-Shiva,* den Yogi und Wanderbettler, der sich nackt, aschebeschmiert und knochenbehängt in Begleitung von lichtscheuen Geistern und Gnomen auf Leichenäckern und im Dschungel umhertrieb und das priesterliche Opfer mißachtete. Im Beisein von Brahma, Vishnu und anderen hohen Göttern vollzog Daksha ein Opfer, zu dem er Shiva nicht einlud. Uma sprang zur Rettung der Ehre ihres Gatten ins Feuer und wurde zur *Sati* (gute, tugendhafte Frau), zum Vorbild für Witwenverbrennung und Jauhar, den Flammentod nach dem Ritterkodex der Hindu-Krieger im Kampf gegen die Muslims. Shiva als Virabhadra schlug Daksha den Kopf ab und erzwang dadurch in typisch aggressiver Weise die Anerkennung seiner Oberhoheit über die vedischen Götter, im besonderen Brahma und Vishnu. Anschließend pflanzte er Daksha den Kopf einer Opferziege auf und verhöhnte damit die Priester und ihren Kult.

Schmerzerfüllt lud Shiva den Leichnam der Sati auf seine Schultern, irrte durch die Lande, tanzte bis zum Wahnsinn und ließ die Erde erbeben. Vishnu gebot seinem Rasen Einhalt und zerteilte die Tote in 51 Stücke, die zur Erde herniederfielen und heute die Hauptstätten der Yoni-Verehrung sind (z. B. Kalighat in Kalkutta oder Tempel der Guheshvari in Nepal; Guhe = Vagina, Ishvari = Herrin).

Sati wurde wiedergeboren als *Parvati,* Tochter des Himalaya und der Apsara Mena. Shiva war mittlerweile in tiefe Meditation versunken und schenkte Parvati keine Aufmerksamkeit. Auf Geheiß des Götterkönigs Indra schoß der Liebesgott *Kama* seinen Pfeil gegen Shiva ab, der ihn jedoch mit seinem Stirnauge zu Asche verbrannte.

Daher heißt Kama auch Ananga = körperlos. Gerührt von den Klagen Ratis um ihren Gatten, ließ Shiva den Liebesgott zu neuem Leben erstehen; dieser wurde als Pradyumna, Sohn Krishnas und Rukminis, wiedergeboren. Parvati bemühte sich weiterhin erfolglos, die Gunst Shivas zu erlangen. Sie betete ununterbrochen das Linga an, schmückte sich, tanzte und gab sich strengen Askeseübungen hin. Endlich erschien Shiva als Wanderbettler vor ihr und heiratete sie (Kalyanasundara; Abb. 126).

Parvati wird in den heiligen Schriften als ideale Gattin und Mutter gepriesen und gilt als Vorbild der unterwürfigen indischen Frau. Der Beschreibung der häuslichen Idylle am Berg Kailash ist breiter Raum gewidmet. Doch es gibt auch Zank, wenn Parvati beispielsweise bei Shivas philosophischen Betrachtungen einschläft, oder Eifersucht, als Shiva die Göttin Ganga in seinen Haaren auffing.

Uma/Parvati werden keine großen Tempel errichtet, höchstens kleine Schreine für Gauri in Nepal, und sie wird meist zusammen mit ihrem Gatten Shiva verehrt (Darstellungen mit Shiva: Abb. 124; mit den Kindern Ganesha und Karttikeya: Farbabb. 16; Abb. 123).

b) Uma, Parvati, Gauri: Einzeldarstellungen

Parvati war ursprünglich eine Göttin altnepalischer, halbmongolischer Bergstämme des Himalaya, daher ist ihre Körperfarbe, ähnlich den Newaris, dunkel. Als Tochter des Himalaya = Himavat heißt sie *Haimavati* oder Bergtochter = Parvati, *Girija* oder *Andrija;* ihre ältere Schwester ist die Göttin Ganga. In Südindien verschmolz Parvati mit einer alten Fischergöttin der Tamilen und Prinzessin von Madurai, *Minakshi* = die Fischäugige, in den Mythen die Tochter Kuberas. Vishnu ist im Süden der Bruder Parvatis.

Darstellung: Mit Shiva zweiarmig (Abb. 123, 126), in Einzeldarstellungen zwei- oder vierarmig, ein Arm herabhängend, die übrigen in der Geste der Schutz- und Wunschgewährung und Embleme haltend, vor allem Ganesha als Statuette oder Baby, Shiva-Idol, Dreizack, Spiegel, Lotos, Citrus-Frucht, Gebetskranz, Opferkrug, Feuer, Papagei (erotisches Symbol). Parvati wird niemals zornvoll,

137 Parvati, die Gemahlin des Shiva, im mütterlichen Aspekt, mit einem Kind (Ganesha) im Arm, reichgeschmückt; rechts ihr Vahana, der Löwe. Museum Indore

138 Parvati, in lässiger Haltung sitzend, mit den Attributen Dreizack und Schlange, typisch für Shiva in Nordindien, sowie Gebetskranz und Vase (Kalasha). Museum Indore

sondern immer als mütterlich-gütige, liebliche Frau dargestellt, juwelengeschmückt, mit Topf- oder Juwelenkrone oder kunstvollen Frisuren, Heiliger Schnur, Stirnauge. Bei Sitzhaltungen baumelt oft ein Bein herab. Ihr Symboltier ist der Löwe, der auf ihre Herkunft aus den Bergen hinweist – wohl abgeleitet vom Schneeleoparden (Abb. 134, 137, 138).

Beinamen: Verschiedene Namensformen für Mütter, z. B. *Amba, Ambika, Mata, Matrika;* Mutter der Welt: *Jagadmatr, Jagadamba, Jaganmata;* Herrin, große Herrin, Herrin der Erde: *Ishvari, Maheshvari, Bhuvaneshvari;* Göttin, große Göttin: *Devi, Mahadevi;* die Erhabene: *Bhagavati;* Illusion, große Illusion: *Maya, Mahamaya; Uma* = Licht, Wissen, wird meist für die Form Parvatis als Tochter des Weisen Daksha und im mütterlichen Aspekt gebraucht. Amba und Ambika können Aspekte der Parvati oder selbständige Göttinnen sein. In diesem Fall wird sie mit Löwen an der Seite oder auf Löwen reitend dargestellt, Kind im Arm oder die Attribute Spiegel, Schwert, Schild etc. Weitere Beinamen der Par-

139 Annapurna, die Mutter der Fülle, eine gütige Form der Parvati oder Durga. Mit einem Löffel spendet sie Nahrung aus einem großen Topf an ihre Kinder. Museum Hyderabad

vati oder in manchen Gebieten selbständige Göttinnen: *Lalita; Raja-Rajeshvari; Kamakshi* = die Liebesäugige; *Gauri* und die Gruppe von Gauris, nämlich alte Ernte- und Korngöttinnen, die in den Shivaismus integriert wurden, wie *Totala, Tripura, Rambha, Annapurna* etc.

Gauri = die Helle, Blonde, Glänzende ist ein in Nordindien und Nepal häufiger Name der Gefährtin Shivas im gütigen Aspekt; Hara-Gauri oder Gauri-Shankar sind Bezeichnungen für Shiva und Gauri (Abb. 124). Eine Legende erzählt, Shiva habe Parvati einst nach ihrer dunklen Körperfarbe gefragt; gekränkt darüber wandte sie sich an Brahma, der ihr einen hellen Teint verlieh. Als shivaitische Göttin trägt Gauri ein Stirnauge, wird von einem Löwen, Wolf oder Bären begleitet und hält als Attribute Gebetskranz, Dreizack, Spiegel, Lotos, Meißel (Thanka), Opferkrug etc. Gauri ist aber auch die Göttin des Weins und die Gattin Varunas; in diesem Fall wird sie oft als Varuni oder Varunani bezeichnet. Sie entstieg mit einer Schale Branntwein als eine der 14 Kostbarkeiten dem Milchozean. Ihre Zugehörigkeit zu Varuna wird durch das Seeungeheuer Makara als Symboltier und eine Schlinge in den Händen angezeigt (Abb. 70).

Annapurna = Nahrungsfülle (von Ammapurna = Mutter der Fülle) ist eine alte Erntegöttin und Mutter des Überflusses, die ihren Verehrern Nahrung spendet. Durch eine volkstümliche Legende wurde sie dem Shivaismus einverleibt: Danach soll Shiva nach seinem Rundgang als Bettelasket ohne Almosen nach Hause zurückgekehrt sein, Annapurna war wesentlich erfolgreicher. Voller Freude preßte Shiva seine Gattin so eng an seine Brust, bis sie als Ardhanar-Ishvara (Abb. 122) zu einem Körper verschmolzen. Als bedeutende Göttin, der eigene Tempel, z. B. in Varanasi und Nepal errichtet werden, ist Annapurna vielmehr als Aspekt der Durga zu betrachten. Sie wird als schöne, reichgeschmückte Frau mit Stirnauge und Mond in der Krone (shivaitischer Götterkreis) dargestellt, als Attribute trägt sie Schlinge, Elefantenstachelstock etc. Ihr Hauptmerkmal ist ein großer Topf mit Reis und Honig, aus dem sie mit einem Löffel Nahrung spendet (Abb. 139).

2 Durga oder Durga-Devi

Durga ist eine sehr mächtige und hochverehrte Göttin, der auch eigene Tempel errichtet werden. In Nepal ist sie als *Taleju* die Schutzgöttin der Königsdynastie, als *Chamunda* die Patronin der Maharajas von Mysore (Maisur), als *Karni-Devi* und *Shila-Devi* (Steingöttin) die Hausgöttin der Herrscher von Bikaner und Amber in Rajasthan, in Bengalen und Assam ist sie der hochkastige Gegenpart zur Volksgöttin Kali. Mit Durga lebt der Kult der großen Muttergöttin des vorarischen Indien weiter, die mit zahlreichen Dorfgottheiten und Dämonen verschmolz, welche mit Vegetation, Bergen und Feuer in Verbindung stehen. Obwohl sie durch verschiedene Mythen dem Shivaismus einverleibt wurde, ist ihre Überlegenheit über Shiva vielfach unmittelbar oder versteckt erkennbar. In Mysore, Bengalen und Assam ist ihr alljährlich im Herbst das zehntägige *Dassehra(Dussehra)fest* mit prunkvollen Umzügen, Volksbelustigungen, Tanzdramen und Militärparaden gewidmet. Der Ursprung dieses Festes geht auf das Ramayana zurück: Ravana, der Dämonenkönig von Sri Lanka, war ein großer Verehrer Durgas und feierte ihr Fest stets im Frühjahr. Rama erflehte von Durga Hilfe zur Befreiung seiner Gattin Sita aus dem Palast Ravanas; sie gewährte ihm diese Bitte, und er führte zu ihren Ehren ein Fest im Herbst ein. Der Hintergrund dieser Legende sind Zugeständnisse des indoarisch-patriarchalischen Nordindien an Kulte der Muttergöttin in Bengalen und Assam.

Aus shivaitischer Sicht ist Durga der heroische Aspekt der Gattin des Shiva, der Übergang von gütigen zu grimmigen Manifestationen bis zu Skelettformen. Im Vishnuismus ist Durga eine Schwester von Krishna und Balarama und als solche wohl mit Subhadra identisch. Der Name Durga = die Un- oder Schwerzugängliche ist vom Asura Durga abgeleitet, der sich nacheinander in Elefanten, Büffel und Riesen verwandelte und von der Göttin mit einem Pfeil vernichtet wurde. Bei den Tamilen heißt die Göttin *Turkkai,* während Durgam in dieser Sprache Festung oder Berg bedeutet.

Entsprechend ihren zahlreichen, oft sehr konträren Manifestationen trägt Durga unterschiedliche Beinamen:

140 Durga, auf einem Tiger reitend. Diese Form taucht erst ab dem 16. Jh. in Gemälden auf.

141 Durga als Dämonenbekämpferin, auf einem Löwen reitend, in diesem Falle heißt sie auch Simhavahini oder Ambika. Schwert und Schild symbolisieren auch Erkenntnis und Dharma. Museum Kathmandu ▷

1. In mütterlich-gütigen Aspekten heißt sie *Amba, Ambika, Santoshi-Mata, Jagaddhatri, Annapurna* etc. Vahana: Löwe oder Tiger (Abb. 140).
2. In jungfräulichen Formen heißt sie *Kanya* = Jungfrau, *Kumari* = Mädchen, *Bala* = Kind etc.
3. Die wichtigsten Manifestationen der Durga sind heroischer Natur als *Dämonenbekämpferin.* Im Devi Mahatmya werden zehn Formen als Siegerin über die götterfeindlichen Asuras gepriesen. Sie nimmt hier – allerdings wesentlich kriegerischer und sogar blutrünstig – ähnliche Funktionen wie Vishnu in seinen Herabkünften wahr. Die zehn Formen heißen: *Durga* = die Un- oder Schwerzugängliche; *Dashabhuja* = die Zehnarmige; *Simhavahini* = die auf einem Löwen Reitende (Abb. 141); *Mahisha(sura)mardini* = die Besiegerin des Büffeldämons Mahisha(sura); *Jagaddhatri* = Mutter der Welt; *Kali* = die Schwarze; *Muktakeshi* = die mit gelöstem Haar; *Tara* = Stern; *Chinnamasta* = die Kopflose; *Jagadgauri* = Welt-Gauri, Weltglanz.
4. Kopflose und Skelettformen sind vor allem *Chamunda* und *Chinnamasta.*

In der Gruppe von neun Durgas = *Nava-Durgas* oder *neun Shaktis* = *Nava-Shaktis* manifestiert sich die Göttin u. a. in zwei schreck-

lichen Formen, nämlich als *Agni-Durga* und *Bana-Durga.* Bana-Durga (Vana-Durga) = Wald-Durga oder *Baneshvari* = Herrin des Waldes ist die alte Herrin der Tiere und Wälder, die unter freiem Himmel, in dachlosen Dorfschreinen oder überdeckten Tempeln Südindiens verehrt wird. In Anlehnung an die Bildsprache der Hochreligion haben diese Dorfidole meist acht Arme mit verschiedenen Waffen und einen Löwen als Reittier. *Vindhyavasi-Durga* ist die Herrin der Vindhya-Berge. Ihre Embleme sind Rad und Muschel. Diese dem vishnuitischen Götterkreis entstammenden Symbole sind typisch für Durga-Darstellungen in Südindien.

a) Kanya Kumari

Der jungfräuliche Aspekt der Durga wird vor allem in Nepal und Südindien verehrt. In Kathmandu und einigen Dörfern der Himalayatäler werden Mädchen (Kumari) unter besonderen Vorzeichen als Inkarnation der großen Göttin erkannt. Sie leben dann in einem Haus-Tempel, den sie einmal jährlich zu einer Prozession verlassen. Nach Eintritt der Menstruation werden sie von einer neuen Kumari abgelöst.

Über die Integrierung dieses alten Volksglaubens in den Shivaismus berichtet folgende Legende: Shiva als Herr der heiligen Stadt Kashi (Varanasi, Benares) = Kashi Vishvanatha schuf zwei Göttinnen zur Bekämpfung von zwei Dämonen. Die erste Göttin wurde als Kali die blutrünstige Herrin des Kali-Ghat, d. h. von Kalkutta, die zweite entsandte er nach Süden. In den Vindhya-Bergen gelangte sie zur Waldeinsiedelei des Rishi Agastya (oder Agasti), der ihr die Greueltaten des Dämonenkönigs Bana oder Vanasura schilderte. Dieser hatte von den Göttern den Segen erhalten, daß weder Mann noch Frau ihn töten oder verletzen könne. Die jungfräuliche Göttin gelangte zur Südspitze Indiens, erschlug den Dämonenkönig samt seinem Heer und befreite die Bevölkerung von diesem Tyrannen. Eine wichtige Pilgerroute führt von der heiligen Stadt Kashi hinunter zum Tempel der Kanya Kumari an der Südspitze Indiens (Cape Comorin).

142 Kumari, die lebende Göttin in Nepal, in charakteristischer Schminke, mit dem mystischen Weisheitsauge auf der Stirn. Sie gilt als Inkarnation der Durga

b) Durga Mahishamardini

Ein Hauptthema der indischen Mythologie und Ikonographie ist Durga als Besiegerin des Büffeldämons *Mahisha* oder *Mahishasura*. Dieser Asura lebte in den Vindhya-Bergen und attackierte die Götter, aus deren geballten Kräften eine schöne Göttin, reitend auf einem Löwen und ausgestattet mit den Emblemen und Waffen der Götter, entstand (Abb. 143). Nach anderer Version ging sie nur aus Vishnu und Shiva hervor. Mahisha, der Führer der Asuras gegen Indras Götterheer, nahm verschiedene Gestalten an, zum Schluß die eines Büffels, Zeichen des Todes. Durga besiegte ihn und schuf damit den Gegenpart zu Shiva als Vernichter des Todes in der Kalari-Murti (Abb. 114). Der Hintergrund dieses beliebten Mythos ist – wie so oft – der Kampf der Götter bzw. Arier gegen die Anti-Götter oder Dravidas. Es kann darin jedoch auch die Überlegenheit des weiblichen Prinzips über das männliche und eine entstellte Form von Stier-Hetzjagd erblickt werden.

Darstellung: Schöne Frau, nackt und reichgeschmückt, entweder auf Löwen reitend oder stehend im Kampf gegen den Dämon Mahisha, der sich vom Menschen zum Büffel verwandelt, oder stehend auf einem Büffelkopf (Abb. 144). Mit 4, 8, 10, 18 oder 20 Armen und den Emblemen verschiedener Götter: Rad von Vishnu,

144 Durga, stehend auf dem Kopf des Büffeldämons Mahisha. Die Embleme Rad und Muschel sind typisch für südindische Durga-Darstellungen. Museum Colombo, Sri Lanka

◁ 143 Durga Mahisha(sura)mardini: Durga vernichtet den Asura Mahisha, der gerade Büffelgestalt (Zeichen des Todes) annimmt. Links unten ihr Vahana, der Löwe. Sie ist ausgestattet mit den Waffen der großen Götter. Museum Kalkutta

Dreizack von Shiva, Muschelhorn von Vishnu oder Varuna, Wurfspieß von Agni, Bogen von Vayu, Köcher mit Pfeilen von Surya, Eisenstab von Yama, Keule von Kubera, Streitaxt von Vishvakarman, Gebetskranz und Krug von Brahma, Schild und Schwert von Kala (Yama), Donnerkeil von Indra, Schlangenkollier von Ananta, Löwe vom Himalaya.

Speziell in der Form als Siegerin über den Büffeldämon Mahisha trägt Durga auch die Beinamen *Chanda, Chandi* oder *Chandika* = die Wilde oder *Ugrachandi* = die furchtbare Wilde.

Als Chandika kämpft die Göttin weiter gegen die Armee des von Brahma begünstigten Asura Raktavija. Ihre Formen werden immer furchtbarer, bis sie in die blutrünstige Kali übergeht. Aus jedem

Tropfen Blut, den Raktavija verliert, erwachsen 1000 gräßliche Giganten, die alle von Chandika erschlagen werden, während Kali das Blut aufsaugt. Letztlich tötet Chandika den ursprünglichen Dämon mit einem Schlag und vernichtet damit die ganze Titanenbrut.

c) Chamunda oder Chamundi

Eine besonders furchterregende Form der Durga ist Chamunda (Abb. 136, 145). In dieser Göttin treten noch viel deutlicher der Sieg des Matriarchats und die Überlegenheit über Shiva zutage. Sie ist die Schutzgöttin des südindischen Staates Mysore (Maisur), heute Karnataka, und eine der Sieben oder Acht Mütter (Abb. 148).

Die Entstehung Chamundas gibt folgender Mythos wieder: Die Asuras *Sumbha* und *Nisumbha* hatten durch Bußübungen von Shiva Unverletzlichkeit erzwungen und begehrten nun gegen die Götter auf. Dem zornigen Stirnrunzeln der Ambika entstieg eine Göttin von himmlischer Schönheit. *Chanda* und *Munda*, die Diener der beiden Asuras, berichteten Sumbha von ihr, und er begehrte sie zum Weibe. Sie verlangte jedoch vor der Hochzeit den Zweikampf mit dem Dämonen. Aus ihrem Haar brachte sie bewaffnete Götter hervor und brüllte so laut, daß ganze Dämonenheere zerschmettert niedersanken. Der Stirn der Ambika entsprang nun eine schreckliche Form der Durga von gräßlichem Aussehen, die alle Dämonen vernichtete und die Namen von Chanda und Munda annahm. An der Stelle, wo sie die beiden vernichtete, entstand der Durga-Tempel von Varanasi.

145 Chamunda, eine Skelettform der Durga, auf einem Leichnam sitzend, Schädelkranz, Stirnauge, Schwert der Erkenntnis. Im Sockel eine kleine Eule: Zeichen der Vernichtung und des Chaos; grinsendes Skelett mit schlaffen Brüsten: Vergänglichkeit der Erscheinungswelt; Schwert und Baum: Aufforderung zum Durchbruch der Erkenntnis und Erleuchtung (Zerschlagen der Knoten der Unwissenheit oder Zerteilen der Wolken der geistigen Finsternis); Baum: alter Weltenbaum der Schamanen, im esoterischen Sinne: Baum der Erkenntnis, der Erleuchtung; abgeschlagene Köpfe am Baum: mystisches Selbstopfer. Museum Delhi ▷

Darstellung: Gräßliche Frau mit Flammenhaar, Knochen- und Schlangenschmuck, schwarze Körperfarbe, blutige Augen und rollende Zunge, gekleidet in Elefanten- oder Tigerhaut, bewaffnet mit Schlinge, Schwert, Keule, Totenkopfstab, Dreizack, Sanduhrtrommel. *Skelettform:* Gräßlich lachendes Skelett mit schlaffen Brüsten, Skorpion im Leib, manchmal Schakalkopf, auf Leichnam oder Löwen sitzend; Symboltier: Eule (Uluka), die im Hinduismus als Zeichen der Destruktion und des Chaos gilt; verschiedene Waffen und Attribute, vor allem Schwert der Erkenntnis (Abb. 145). Als Skelettform heißt Durga auch *Krshodhari* = die mit dünner Taille.

d) Chinnamasta oder Chinnamastaka

Die kopflose Form der Durga oder Kali entstand unter starker Beeinflussung der buddhistischen Vajrayogini = Diamantzauberin, der Patronin der Yogis (Yogeshvari = Herrin der Yogis oder Yogamaya), Wanderasketen, Tantriker und Meisterin okkulter, obskurer und esoterischer Riten. Ihre Begleiterinnen sind blutrünstige Hexen = Dakinis, die im tantrischen Buddhismus eine hervorragende Stellung als Meditationsgenien einnehmen.

Darstellung: Kopflose Göttin, die ihr eigenes Haupt und die Mäuler von zwei Dakinis mit Blutstrahlen aus ihrem Hals tränkt, nackt, rote oder blaue Körperfarbe, behängt mit Schädeln, Schlangen, abgeschlagenen Händen, Perlen etc.; stehend auf dem Dämon Nisumbha, dem leblosen Shiva (Leichen-Shiva) oder einem kopulierenden Paar (Mithuna von Kama und Rati), seltener schreitet sie über eine öde Landschaft (Farbabb. 22).

Symbolik: Das Leichenackermilieu versinnbildlicht die Vergänglichkeit des Lebens, der illusionären Erscheinungswelt. Der abgeschlagene Kopf zeigt das mystische Selbstopfer als Voraussetzung zur geistigen Wiedergeburt, das Tränken mit Blutstrahlen veranschaulicht die ewige Erneuerung des Lebens. Das Mithuna-Paar von Kama und Rati symbolisiert die unlösbare Verwobenheit und Wesensgleichheit von Geist = Purusha und Materie = Prakriti, von Leben und Tod, Erotik und Askese – das ewige Werde und Stirb!

146 Kali, die Schwarze, Patronin von Kalkutta (Kali-Ghat)

3 Kali oder Kalika

Die Übergänge zwischen Durga und Kali sind fließend. Einerseits ist *Kali* = die Schwarze oder *Shyama* = die Dunkelblaue eine bluttrinkende Form der Durga, andererseits – besonders in Bengalen – der niedrigkastige Gegenpart zur Durga, der Göttin der Brahmanen und anderer hoher Gesellschaftsschichten. In weiten Teilen Indiens ist Kali eine große Volksgöttin. Sie ist auch die Patronin der Diebe und anderer krimineller Stände und Stämme. Bis ins 19. Jh. verübte die Raubmörderkaste der Thags zahlreiche rituelle Morde im Namen der *Bhavani* und hinterließ jeweils als »Markenzeichen« eine Spitzhacke (Bhavani ist der Name Kalis als Gattin des schrecklichen Rudra).

In der Gestalt der Kali verdeutlicht sich am augenfälligsten das Fortleben des Kults der großen Muttergöttin der indischen Frühzeit bis in die Gegenwart. In ihr vereinen sich gütig-mütterliche Züge mit grausamen und zerstörerischen (Abb. 135, 146). Als Mutter (Mata, Ma, Amma; Tamil: Ammai, Amman) spendet sie Leben und

147 Bhadrakali, eine heroische Form der Kali als Gattin des Virabhadra (Form Shivas). Als große Göttin ist sie Shiva überlegen und sitzt auf seinem Kopf. Stirnauge und Dreizack weisen sie in den shivaitischen Götterkreis; die Schädelgirlande zeigt den zerstörerischen Aspekt an. Museum Hyderabad

Gnade, im destruktiven Aspekt verschlingt sie ihre eigenen Kinder. Kali verschmolz mit unzähligen Lokal- und Dorfgottheiten und ist auch weitgehend mit Cholera- und Pockengöttinnen, so mit der nordindisch-bengalischen *Shitala* und der südindischen *Mari(y)amman* oder *Mari Mai*, identisch. Bis ins 19. Jh. wurden Kali Menschen geopfert, heute nur mehr männliche Tiere, wie Ziegenböcke und Hähne sowie Büffel bei großen Festen. Zentren der blutigen Kali-Kulte sind das Kali-Ghat in Kalkutta und Dakshinkali, das Heiligtum der »Südlichen Kali« im Kathmandutal. Diese Riten widersprechen dem Ahimsa, dem strikten Gebot des Nichttötens und Nichtverletzens im orthodoxen Hinduismus und weisen Kali als uralte Dorf- und Volksgöttin aus.

Wenn Kali mit einem Gott verbunden ist, so vor allem mit Shiva (als Rudra, Bhairava und Mahakala), Agni oder Yama. Als Shiva weitgehend den vedischen Agni absorbierte, übernahm er auch Kali, eine von Agnis sieben Flammenzungen oder sein Weib. In der

Namensform *Bhairavi = die Schreckliche* oder *Mahakali = die große Schwarze* ist sie die Verkörperung der Zeit und damit die Herrin des Todes. Im esoterischen Sinne wird sie als Personifizierung der wandelbaren Natur *Mahamaya = große Illusion* genannt. So tanzt sie als Hervorbringerin und Hinwegrafferin des Lebens auf dem regungslosen (Leichen-)Shiva, der den statischen Urgeist Purusha verkörpert (Farbabb. 21). Kali und Shiva versinnbildlichen wie Kama und Rati in Chinnamasta-Darstellungen den ewigen Kreislauf von Werden und Vergehen.

Bhadrakali ist eine gütige Hausgöttin oder als Partnerin des Virabhadra die Schutzgöttin des Vijayanagar-Reiches am Dekkhan. In diesem Fall nimmt sie heroische Züge an und trägt verschiedene Waffen (Abb. 147).

Kalaratri = die schwarze Nacht ist eine besonders furchtbare Form der Kali als Verkörperung der Nacht des Weltuntergangs, der großen Auflösung. Sie reitet nackt mit gesträubtem Flammenhaar auf einem Esel, der sie als Göttin niederer Kasten ausweist (wie Shitala).

Mahakali = die große Schwarze, furchtbares Aussehen, schwarze oder dunkelblaue Körperfarbe, Stirnauge, Hauer, heraushängende, bluttriefende Zunge, Schädel- und Schlangenschmuck, Flammenhaar und Schädelkrone, nackt, Tiger- und Elefantenhaut als Umhang, verschiedene shivaitische Attribute, u. a. Schwert und Schild, Symbole für Erkenntnis und Dharma, abgeschlagener Kopf = mystisches Selbstopfer.

In Skelettform ist Kali eine Begleitfigur des Todesgottes Yama oder der Gruppe der Sieben oder Acht Mütter.

4 Die Sieben oder Acht Mütter (Sapta- oder Asta-Matrikas)

Mit dem shivaitischen Götterkreis ist auch eine Gruppe von sieben oder acht Muttergöttinnen verbunden. Ihr Fruchtbarkeitsaspekt wird durch die Anwesenheit von Shiva und Ganesha oder ein Kind

148 Die Sieben Mütter (Sapta-Matrikas) in ihrer sitzenden Form. Im Sockel das jeweilige Tier ihres männlichen Partners, so von links nach rechts: Brahmani mit der Gans, Maheshvari mit dem Stier, Kaumari mit dem Pfau, Vaishnavi mit dem Garuda, Varahi mit dem Eber, Indrani mit dem Elefant, Chamunda mit der (für sie spezifischen) Eule. Sie sind flankiert von Virabhadra mit dem Stier links, rechts von Ganesha mit einer Fruchtschale im Sockel. Diese Begleitfiguren zeigen den Fruchtbarkeitsaspekt an; ihre zerstörerische Seite wird durch Skelette – Bhairava und Kali – veranschaulicht. Höhlentempel von Elura

im Arm unterstrichen, ihr heroisch-kriegerischer Charakter durch Virabhadra oder Skanda, der destruktive Aspekt durch Skelette oder Leichname. Die Mütter haben meist ein Gesicht (Brahmani oft vier), wobei Varahi und Narasimhi tierköpfig sein können. Sie tragen die Embleme ihrer männlichen Partner und haben meist deren Vahanas am Sockel abgebildet. Im moralischen Sinne sind die Sapta- oder Asta-Matrikas Verkörperungen negativer Eigenschaften, die der Unwissenheit und Verblendung entspringen und durch Tugenden überwunden werden sollen.

Die übliche Zusammensetzung der Matrikas (Abb. 148):

Maheshvari: Shakti des Shiva, Personifizierung des Zorns, Vahana: Stier (Abb. 149a);

Vaishnavi: Vishnu, »Gier«, Garuda;

Brahmi oder *Brahmani:* Brahma, »Stolz«, Gans;

Kaumari: Karttikeya/Kumara, »Verblendung«, Pfau (Abb. 149b);

Indrani, Aindri oder *Shaci:* Indra, »Nörgelei«, Elefant;

Chamunda oder *Chandi:* Shiva, »Verleumdung«, Leichnam oder Eule (Abb. 136, 145);

Varahi: Vishnu als Varaha, »Neid«, Eber (Abb. 150).

Die Zusammensetzung der Gruppe kann variieren. Den Platz der Chamunda nimmt manchmal *Yami,* die Gattin des Todesgottes Yama, ein, den der eberköpfigen Varahi die löwenhäuptige *Narasimhi,* Shakti des Vishnu als Narasimha. Bei der Achtergruppe tritt

149a, b Zwei der Sapta- oder Asta-Matrikas: Maheshvari, die Shakti des Shiva im grimmigen Aspekt: Stirnauge, Hauer, shivaitische Embleme, wie Sanduhrtrommel, Dreizack, Schlange (a) – Kaumari, die Shakti des Skanda (Kumara) mit Meißel (Thanka) und Donnerkeil (Vajra) als Embleme, Glückszeichen in den Händen (b). Tempel von Madurai

Yogeshvari, eine Shakti des Shiva und Verkörperung der Begierde, auch Führerin der 64 Yoginis, dazu.

Legende von der Entstehung der Sieben oder Acht Mütter: Der Dämon Andhaka, Enkel des Hiranyakashipu, hatte durch strenge Bußübungen Brahmas Segen erzwungen, attackierte die Götter und wollte Parvati vom Berg Meru (Kailash) rauben. Sein Gefährte Nila nahm die Form eines Elefanten an, um Shiva zu töten; Virabhadra vernichtete den Elefantendämon und brachte die Haut seinem Vater, der darin tanzte (Abb. 110). Shiva verwundete Andhaka mit seinem Pfeil, aber aus jedem Tropfen Blut erwuchs ein neuer Andhaka. Zum Aufsaugen des Blutes schuf Shiva seine Shakti Yogeshvari, und auch die anderen Götter entließen jeweils aus sich eine Shakti. Letztlich durchbohrte Shiva, die Verkörperung der Weisheit, mit seinem Dreizack den Dämon Andhaka, der geistige Stumpfheit und Unwissenheit versinnbildlicht. Vishnu vernichtete

150 Varahi, die Shakti des Varaha (Vishnu als Eber) mit den vishnuitischen Emblemen Rad und Muschel. Museum Tanjur

mit seinem Diskus, dem Zeichen der Weltgesetzlichkeit (Dharma), die übrigen Dämonen, die jeweils seelische Gifte, d. h. erlösungswidrige Eigenschaften, verkörpern.

5 Volksgöttinnen

Uralte Volksgöttinnen, die teilweise als gütige oder schreckliche Aspekte der Devi in die Hochreligion einflossen, sind in Nordindien vor allem Shitala, Shasti und Manasa, im Süden Mari(y)amman oder

151 Die bengalische Kinderpatronin Shasti

152 Die Schlangengöttin Manasa

Mari Mai. *Shitala* ist eine schreckliche Pockengöttin, verwandt mit *Putana* und *Mari(y)amman* und oft identifiziert mit Kali (Darstellung: rot gewandet auf Lotos, meist auf einem Esel reitend). *Shasti* ist der gütige Gegenpart der Shitala und als Kinderschützerin der buddhistischen Hariti ähnlich. Sie gilt auch als Form der Durga oder Lakshmi und wird mit Kind(ern) auf einer großen Katze stehend dargestellt (Abb. 151). *Manasa* ist eine uralte, gütige oder vernichtende Schlangengöttin, vermutlich aus Nagaland oder Assam, und beeinflußt von der buddhistischen Janguli. Als hinduistische Göttin ist sie die Tochter des Kashyapa und der Kadri oder Shivas mit einer Sterblichen und Schwester des Schlangenkönigs Vasuki oder der kosmischen Schlange Ananta (Shesha). Ihr Vahana ist eine große Schlange (Abb. 152).

6 Die Flußgöttinnen Ganga und Yamuna

Flüsse sind in Indien heilig, da ihnen die Kraft zugeschrieben wird, Lebende und Tote von ihren Sünden zu reinigen. Zu den – meist weiblich gedachten – Flußläufen führen oft Steige (Tirthas) und Treppen (Ghats) zum Vollzug ritueller Waschungen und Totenverbrennungen. Die Asche der Verstorbenen wird zur Entsühnung in Flüsse gestreut; dadurch erfolgt die geistige Wiedergeburt, die mit Erlösung gleichzusetzen ist.

Die wichtigsten Flußgöttinnen sind *Ganga*, *Yamuna* und *Sarasvati*. Der Zusammenfluß der beiden größten nordindischen Ströme mit der mythischen Sarasvati bei Allahabad (der alten heiligen Stadt Prayaga) heißt *Triveni* und ist Schauplatz des größten indischen Badefestes, Kumbhmela, das in einem Zwölfjahreszyklus abwechselnd in Allahabad, Hardwar, Nasik und Ujjain stattfindet. An diesen Stellen fielen vier Tropfen aus dem Krug des Unsterblichkeitstrankes auf die Erde.

Während die vedische Flußgöttin Sarasvati weitgehend in der hinduistischen Patronin der Wissenschaft und Kunst und der Gemahlin Brahmas aufging, sind Ganga und Yamuna ausschließlich Flußgöttinnen und Nahrungsspenderinnen. Ganga wird oft im Haar Shivas abgebildet (Abb. 100); an nordindischen und nepalesischen Tempeln fungiert sie gemeinsam mit Yamuna als Torhüterin (Dvarapalika; Farbabb. 17; Abb. 153). Sie halten alles Sündhafte fern und verheißen Reinheit und Frömmigkeit, die Voraussetzungen für die Anwesenheit der Götter in der Schoßkammer.

Ganga ist die ältere Tochter des Himavat und der Mena, Schwester der Parvati und mit den Göttern Vishnu, Agni und Shiva verbunden, in einigen Mythen gilt sie als Mutter des Skanda, im Mahabharata ist sie die Mutter der acht Vasus. *Beinamen: Vishnupadi,* da sie Vishnus Füßen entspringt; *Haimavati* als Tochter des Himalaya (Himavat) – diesen Namen trägt auch ihre Schwester Parvati; *Patalaganga* als reinigender Unterweltsfluß (vgl. Gangadhara-Mythos); *Tripathaga* als Fluß der drei Welten: Himmel, Erde, Unterwelt.

Yamuna ist die Personifizierung des heiligen Flusses, an dem Mathura, die Stadt Krishnas, liegt. Sie gilt als Tochter der Sonne

153 Die Flußgöttin Ganga, auf dem Seeungeheuer Makara stehend. Metallplastik einer der beiden Torhüterinnen vor dem Palast von Bhaktapur, Nepal (vgl. Farbabb. 17)

(Vivasvan oder Surya) und ist deshalb die Zwillingsschwester des Todesgottes Yama. In der Namensform Yami ist sie sein Weib und eine der Sieben oder Acht Mütter (negativer Aspekt).

Darstellung: Ganga und Yamuna werden als schöne, reichgeschmückte Frauen, stehend mit einem Krug der Fülle (Purnakumbha) dargestellt, der sie als Spenderinnen von Vegetation und Überfluß ausweist. Darüber hinaus können sie noch Lotos und Fliegenwedel aus Yakhaar tragen. Ganga steht auf einem Seeungeheuer (Makara) oder Fisch (Matsya, Mina), Yamuna auf einer Schildkröte (Kurma). Symbolisch werden die beiden Göttinnen als zwei Fische dargestellt.

VI Die Wächter des Universums: Lokapalas und Dikpalas

Tiere gelten in der hinduistischen Mythologie als Träger (Elefant) und Wächter (Elefant, Pferd, Löwe, Buckelstier) des Universums. Bereits in der Brahmana-Zeit werden vier vedische Götter als Schützer der Welt (Lokapalas) und Wächter der Himmelsrichtungen (Dikpalas) genannt, deren Zahl später durch die Einbeziehung von Zenit (Brihaspati/Brahma) und Nadir (Shesha-Schlange/Vishnu) auf zehn erweitert wurde. Von den acht Lokapalas ist nur Kubera vorarisch-dravidischen Ursprungs, die übrigen sieben sind vedische Götter, die im hinduistischen Pantheon vielfach ihrer hohen Stellung beraubt wurden und nur mehr als Wächter des Alls fungieren (Abb. 154). Ihre Eigenschaften gingen großteils in den hinduistischen Hochgöttern Shiva und Vishnu auf, so Agni und Nirrita in Shiva, Indra in Vishnu etc. Die meisten vedischen Götter der Frühzeit sind Söhne des Dyaus Pita (griechisch: Zeus; lateinisch: Jupiter) bzw. des Himmels und der Prithivi Mata (Mutter Erde), versinnbildlicht durch Stier und Kuh. Dieses älteste Götterpaar ist

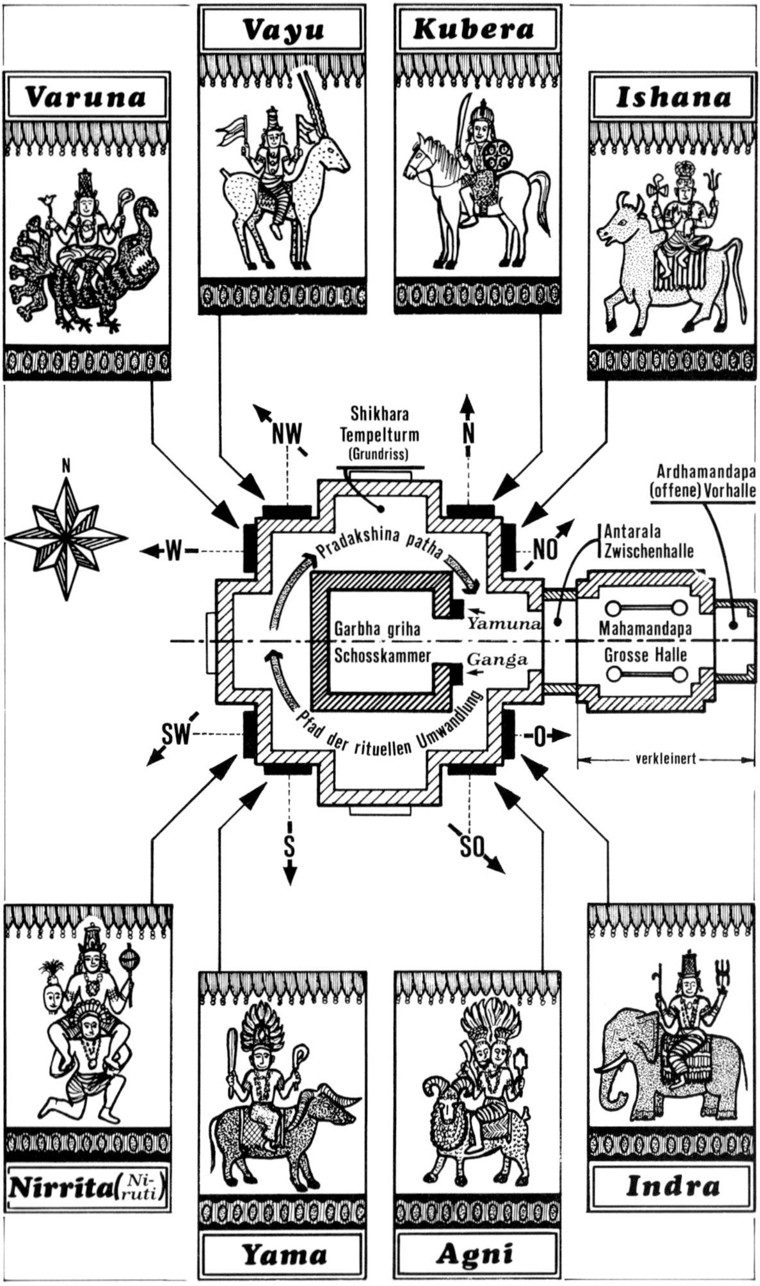

Vayu
Kubera
Varuna
Ishana
Shikhara
Tempelturm
(Grundriss)
NW
N
W
NO
O
SW
S
SO
Ardhamandapa
(offene) Vorhalle
Antarala
Zwischenhalle
Pradakshina patha
Yamuna
Ganga
Garbha griha
Schosskammer
Mahamandapa
Grosse Halle
Pfad der rituellen Umwandlung
verkleinert
Nirrita (Ni-ruti)
Yama
Agni
Indra

den griechischen Götterahnen Uranos und Gaia vergleichbar; das vedische Pantheon (Götter sind personifizierte Naturgewalten und ethische Begriffe, oft mit heroischen Zügen) weist deutliche Beziehungen zum griechischen und altiranischen und damit indoeuropäischen auf.

Die Standbilder der Lokapalas sind an nordindischen Tempeln in den Haupt- und Nebenhimmelsrichtungen auf Konsolen unter kleinen Baldachinen angeordnet.

1 Osten: Indra oder Shakra

Vedischer Himmelsgott und Götterkönig, oft mit dem Stier (Vrishan) identifiziert, als solcher auch Gewitter- und Fruchtbarkeitsgott (Stier = Regenwolke). Der Fruchtbarkeitsaspekt verschmolz weitgehend mit Shiva. Gewaltiger Dämonenbekämpfer (z. B. des Dürredämons Vritra, der mit dem Niedergang der Induskultur als Vernichter der Deichbauten in Verbindung gebracht wird), auch Brahmanentöter (um sich gegen die Oberherrschaft der Priesterklasse aufzulehnen), entsendet gerne Apsaras, um die Meditation der Rishis und Götter zu stören. Oberster Vertreter des Kriegeradels und Verkörperung des arischen Heldenideals, assoziiert mit der Sonne – in diesen Eigenschaften weitgehend von Vishnu als Held Rama absorbiert. Seine Gefährten sind die Maruts, Sturmgötter, Söhne des Rudra. Residiert in der Götterstadt Amaravati am Berg Meru, Hüter des Unsterblichkeitstrankes Amrita oder Soma und des Wunschbaumes (Kalpavriksha), um welche Götter und Dämonen (Asuras) ständig streiten.

Gattin: Indrani, Aindri oder Shaci, eine der Matrikas (Abb. 148).

Vahana: Weißes oder braunes Pferd, später der *weiße Elefant* Airavata, aus dem Milchozean gekirnt.

◁ 154 Die acht Weltenhüter (Lokapalas) oder Wächter der Himmelsrichtungen (Dikpalas) in ihrer Anordnung an nordindischen Tempeln

155 Donnerkeil (Vajra)

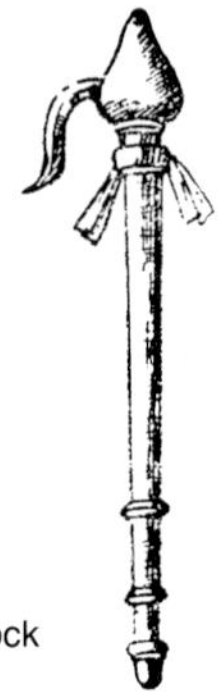

156 Elefantenstachelstock (Ankusha)

Darstellung: Reichgeschmückter König mit Turban oder hoher Tiara, Hauptattribut: *Donnerkeil (Vajra;* Abb. 155, 157). Der Donnerkeil ist das Attribut indoeuropäischer Gewittergötter zur Zerteilung der Regenwolken, verwandt mit Axt und Doppelaxt des östlichen Mittelmeerraumes. In Indien war er zuerst Waffe und Lichtzeichen, gefertigt vom göttlichen Handwerker Tvashtar (griechisch: Hephaistos) aus den Knochen eines Rishi, später wurde er mit dem Dreizack des shivaitischen Götterkreises verbunden – Vajra ist doppelter Dreizack. Indra trägt den Vajra als Gewittergott. Im esoterischen Sinne und im Buddhismus: Diamantzepter, Zerteilung der Wolken der Unwissenheit, Zeichen des männlichen Prinzips (Glocke: weiblich). Weitere Embleme Indras: *Elefantenstachelstock (Ankusha;* Abb. 156), das Symbol der Königswürde; in tantrischen Ritualen des Shiva- und Devi-Kreises ist er das Zeichen des aktiven Leitens der Seelen am Erlösungsweg. Darüber hinaus trägt Indra Netz, Bogen, Pfeil, Muschel etc.

2 Südosten: Agni

Vedischer Gott des Herd- und Opferfeuers (lateinisch: ignis), daher auch oberster Opferpriester (Feuerkult besonders in Alt-Iran), in der Brahmana-Zeit Sohn des Brihaspati/Angiras = Brahma. Im Hinduismus wurde der vernichtende Aspekt des Feuers weitgehend von Shiva absorbiert; Kali ist eine seiner Feuerzungen, Skanda oft sein Sohn.

Darstellung: Ein bis drei Gesichter, flammenumringt, oft mit Bart, manchmal widderköpfig, zwei Gesichter = Herd- und Opferfeuer, drittes Antlitz = Feuer der Sonne; drei Füße = Hochzeits-, Zeremonial- und Opferfeuer; sieben Zungen = sieben Wochentage, universelle Kraft; Farbe: rot oder dunkel (Abb. 158).

Gattin: Svaha, Tochter des Weisen und Götterpriesters Daksha.

Vahana: Widder (Opfertier) oder rote Pferde, selten vier Papageien.

Attribute: Krug, Löffel, Rosenkranz, Buch (Veda) weisen ihn als Opferpriester aus (vgl. Brahma), Heilige Schnur, Speer (Shakti).

3 Süden: Yama

Sohn des indoiranischen Sonnenheros Vivasvat (Vivasvan, Vivasvant) = Abendsonne/Tod oder des Surya, mit seiner Zwillingsschwester Yami oder Yamuna die ersten Sterblichen und Ahnherren des Menschengeschlechts, im Hinduismus Gott des Todes oder der Zeit = Kala und Totenrichter, daher der Beiname Dharmaraja = König des Gesetzes, Weltenhüter des Südens, da die verzehrende Kraft der Sonne den Tod verheißt. Dunkle und böse Mächte werden in der Mythologie im Süden etabliert, so auch die unterworfenen Dravidas.

Darstellung: Reichgeschmückter, furchterregender König von schwarzer Farbe (Abb. 159).

Attribute: Stab (Yamadanda) = Tod oder *Keule, Schlinge* (Pasha) = Fessel an die Wiedergeburt, ferner Schwert = Erkenntnis, Schild = Dharma etc.

Vahana: Büffel = Tod.

Begleitfiguren: Yami, Mrityu = personifizierter Tod, Chitragupta = der von Brahma abstammende Schreiber der guten und schlechten Taten, Kali als Skelett, seine Gattin Dhumorna.

Einen gnädigen Yama veranschaulicht die sehr populäre Geschichte von Savitri und Satyavan aus dem Mahabharata. Die

157 Der Götterkönig Indra mit seinen Hauptemblemen Elefantenstachelstock (Ankusha) und Donnerkeil (Vajra), zu Füßen sein Vahana, der Elefant Airavata. Jainistischer Tempel am Satrunjaya, Palitana[1]

158 Der Feuergott Agni, flammenumringt (Opferfeuer), mit priesterlichen Attributen: Löffel, Palmblatt-Manuskript des Veda, Opferkrug. Khajuraho

[1] Die jainistische Götterwelt entspricht in vielen Zügen der hinduistischen.

159 Der furchterregende Totengott und Gesetzeskönig Yama mit Totenkopfstab und Schlinge als Hauptembleme, Mrityu und Chitragupta als Begleitfiguren, im Sokkel sein Vahana, der Büffel. Rajarani-Tempel von Bhuvaneshvar

160 Der schreckliche Nirrita, Verkörperung von Unglück und Tod, mit Totenkopf, Schlangen- und Schädelschmuck, einen abgeschlagenen Kopf tragend, begleitet von einem Skelett und einem Hund. Museum Indore

Königstochter Savitri (nicht zu verwechseln mit der Göttin) hatte durch List die Seele ihres toten Gatten Satyavan von Yama zum Leben zurückerhalten. *Darstellung:* Der Totengott auf einem schwarzen Büffel, der liegende Satyavan und ein Schattenbild seiner wiedererstandenen Seele, die betende Savitri.

4 Südwesten: Nirrita oder Nirruti

Nirrita (»Unglück«) ist einer der elf Rudras (Ekadasha-Rudras) und die Verkörperung von Zerstörung und Tod, verbunden mit Geistern und Kobolden des Reichtumsgottes Kubera. Nirriti oder Nirruti ist die weibliche Verkörperung von Krankheit, Armut, Tod, Unglück und die negative Schwester des Glücks = Lakshmi. Die Namensformen variieren sehr stark: Nirrita, Nirriti, Nirruti, Nairrita, Nairritti etc.

Darstellung: Schreckliches Äußeres, nackt, blau oder schwarz (Abb. 160).

Attribute: Abgeschlagener Kopf, Totenkopfstab, Spieß oder Speer, Schwert, Schild, Messer, Zügel.

Vahana: Mann, seltener Esel, Kamel, Löwe.

Begleitfiguren: Dämonen und Apsaras.

5 Westen: Varuna

Himmelsgott der vedischen Frühzeit (griechisch: Uranos), Anführer der Asuras (altiranisch: Ahura), die ursprünglich Götter waren und später zu götterfeindlichen Dämonen degradiert wurden, erster der zwölf Adityas oder Sonnengötter, Herr der himmlischen Wasser und des Eides, mit Mitra (»Gott-Vertrag«) Hüter der kosmisch-ethischen Ordnung (Ritam). Verlor seinen hohen Rang an Indra, behält im Hinduismus Verbindung zum Wasser als Gott des Meeres, im Süden Regengott. Im negativen Aspekt ist er auch Gott des Todes und des Terrors.

161 Der vedische Himmelskönig und Regengott Varuna, Hüter des Eides und der Weltordnung. Mit der Schlinge fesselt er Lügner; sie ist gleichzeitig das Zeichen der Kettung an die Wiedergeburt. Links sein Vahana, das Seeungeheuer Makara. Rajarani-Tempel von Bhuvaneshvar

162 Der dickbäuchige Kubera als Reichtumsgott mit einem Geldbeutel. Museum Kalkutta

163 Schlinge (Pasha), kann auch ohne Knoten sein ▷

Gattin: Varuni (Varunani) oder Gauri (Abb. 70).

Vahana: Ursprünglich sind ihm dunkle Widder (Urana) als Opfertiere heilig, später wird das *Seeungeheuer Makara* sein Symboltier, seltener Fisch, Pferd oder Schwäne (Abb. 161).

Farbe: Weiß oder blau.

Attribute: Schlinge (Pasha; Abb. 163), womit er ursprünglich die Lügner fesselte, auch Zeichen der Kettung an die Wiedergeburt. Als Wassergott trägt er Attribute der Fruchtbarkeit und Geburt: Lotos, Muschel, Schlange, als Sonnengott (Aditya) Rad, Juwelenschale, Lotos.

6 Nordwesten: Vayu, Vata oder Pavan

Vedischer Gott des Windes (lateinisch: ventus, Wind) und der Luft, Verkörperung des Lebenshauches (Prana), zeitweise Wagenlenker Agnis, Verbindung auch zu Indra, den Maruts (Sturmgötter), den Gandharvas und dem Weisen Narada, der Affengott Hanuman ist sein Sohn.

Vahana: Antilope.

Attribute: Flagge, Pfeil, Bogen, Donnerkeil, Rad, Stab (Abb. 164).

164 Der Windgott Vayu auf einer Antilope. Das schnellfüßige Tier versinnbildlicht den Luft- und Lebenshauch, die Flagge den Wind

7 Norden: Kubera, Kuvera oder Vaishravana

Vorarisch-dravidischer Geist des Schattens und Fruchtbarkeitsdämon, im Hinduismus Enkel Brahmas (Sohn des Pulastya mit einer brahmanischen Frau, sein Halbbruder Ravana und das ganze Riesengeschlecht mit einer Riesin = Rakshasi), durch Askese Günstling Shivas, Führer der Yakshas, Reichtumsgott und Hüter der irdischen Schätze, die die Lebewesen an die Wiedergeburt fesseln – daher negativer Gott, der keinerlei Verehrung erhält. Residiert am Berg Mandara, da er von seinem Halbbruder Ravana aus Sri Lanka vertrieben wurde. Begleiterinnen: seine Gemahlinnen Riddhi und Siddhi, Lotos- und Muschelträgerinnen (Lotos- und Muschelschatz an Tempelschwellen; Abb. 11). Seine Attribute und Vahanas variieren als Reichtumsgott und Weltenhüter des Nordens sehr stark, Hauptmerkmal ist sein *dicker Bauch.*

Vahana: Mann, Widder, Pferd, Götterwagen Pushpaka, Elefant etc.

Darstellung: Häßlicher, doch reichgeschmückter Mann mit dikkem Bauch (Reichtum!), einäugig – das zweite Auge verlor er, als er lüstern auf Parvati blickte (Abb. 162).

Attribute: Keule, Citrusfrucht, Banner mit Sonne und Mond, Schwert, Schild, Sack, Juwelenschale oder *Geldbeutel.*

8 Nordosten: Isha oder Ishana

Form Shivas als Weltenhüter, erstes Gesicht des transzendenten Hochgottes, der sich in der Erscheinungswelt manifestiert, oberstes Antlitz (Zenit) des fünf-, sieben- und mehrköpfigen Shiva (Sadashiva), einer der elf Rudras. Isha heißt Herr – in diesem Falle: Meister des Wissens.

Gattin: Shiva – die weibliche Form des Hochgottes!

Darstellung: Flechtenkrone, drei Augen, Mudras und die Embleme Dreizack, Elefantenstachelstock, Trommel, Schlangen etc.

Vahana: Stier, selten Widder.

In älteren Gruppierungen der Weltenhüter kann Soma statt Ishana der Hüter des Nordostens sein und Surya statt Nirrita des Südwestens. Die Einbeziehung der Shiva-Form Ishana und des Shiva-Vorläufers Nirrita ist ein Zeichen des Eindringens des Shivaismus auch in die Gruppe der Lokapalas.

VII Die Gestirnsgötter

In der vedischen Religion kam der Verehrung von Sonne und Mond große Bedeutung zu; im Hinduismus wurden sie weitgehend von den Hochgöttern Vishnu und Shiva absorbiert. Die arischen Fürstengeschlechter Nordindiens, namentlich die »Königssöhne« (Rajputen), leiten ihre Herkunft von den Gestirnen und dem Feuer ab. Der Sonnenlinie (Suryavamsa) entsproß Rama als göttlicher Ahnherr, der Mondlinie (Chandravamsa) Krishna, die Feuerlinie (Agnikula) erblickt ihren Ursprung im Feuergott Agni.

1 Der Sonnengott Surya

Die Sonnenverehrung reicht in die Frühzeit der indoarischen Stämme des Iran und Indiens zurück. Der Vedismus kannte mehrere Sonnengötter, so die *zwölf Adityas*, denen beispielsweise *Varuna*, *Mitra*, *Pushan*, *Aryaman* und *Vishnu* angehörten, und die Triade *Savitri* = Antreiber, Morgensonne, *Surya* = Zenit und *Vivasvan* = Abendsonne. Allmählich gingen die Sonnenphasen in Surya auf, der zur Personifizierung des Gestirns in allen Aspekten wurde. Zahlreiche Hymnen des Rigveda, so vor allem die Gayatri- oder Savitri-Strophe, sind an die Kraft der Sonne gerichtet. Als Sohn des Dyaus und der Prithivi (später des Götterpatriarchen Kashyapa und der Aditi) bildete er mit seinen Brüdern Indra und Agni eine frühe Triade. Im 7. Jh. war Surya der Lieblingsgott der nordindischen

165 Der vedische Sonnengott Surya als strahlend schöner Jüngling mit Lotosblüten, sieben Pferde im Sockel, der kleine Aruna (die Morgenröte) als Wagenlenker. Begleitfiguren: Ushas und Pratyusha, Danda und Pingala, oben (unter Lotos) seine Gattinnen Chaya und Surenu. Museum Delhi

Militärkaiser. Das Saura-Purana ist das Dogma seiner Anhänger. In mittelalterlichen Panchayatana-Tempeln ist ihm einer der fünf Schreine gewidmet, und in den fünf Hausidolen ist er durch einen hellen Kiesel oder Kristall vertreten. Im Spätmittelalter ging die Bedeutung Suryas weit zurück; nur mehr drei museale Tempel, nämlich Modhera im Sonnenland Saurashtra (Gujarat), Martand in Kaschmir und Konarak in Orissa sind ihm geweiht. Gerade in Konarak ist er weitgehend mit Vishnu identisch. Heute ist Surya oder Ravi entweder als Lokapala des Südwestens oder – häufiger – als einer der neun Planeten (Navagrahas) anzutreffen. Die menschengestaltige Darstellung des Sonnengottes stammt wahrscheinlich aus dem Iran. Er steht immer mit Roß und Wagen in Verbindung, die durch die Arier nach Indien gelangten.

Darstellung: Schöner, reichgeschmückter und oft lächelnder Jüngling, stehend oder sitzend auf *Pferd* oder *rossebespanntem Götterwagen.* Seine meisten Attribute sind auf Geburt und Licht bezogen, da er täglich am Horizont geboren wird, wie *Lotos,* Keule, Muschel; als Zeichen der in der Sonne verankerten kosmisch-ethischen Weltordnung trägt er das Rad (Abb. 165).

Begleitfiguren: Seine Frauen *Chaya* (Schatten) und *Sanjna* oder *Surenu,* die »feinen Stäubchen« des Sonnenlichts, die Bogenschützinnen *Ushas* (die vedische Göttin der Morgenröte; griechisch: Eos; lateinisch: Aurora) und *Pratyusha,* die allmorgendlich mit Pfeil und Bogen die Finsternis vertreiben, Personifizierungen von Morgenröte und Dämmerung. Der Wagenlenker Suryas ist *Aruna,* der Gott der Morgenröte, und Bruder des Sonnenadlers Garuda. Die kosmisch-ethische Funktion und den Tod (Abendsonne!) versinnbildlichen die kleinen Begleitfiguren *Danda* und *Pingala,* die im Auftrag des Totengottes Yama mit Griffel und Tintenfaß die Taten der Menschen registrieren und mit ihren Attributen Schwert und Schild Erkenntnis und kosmische Ordnung (Dharma) anzeigen.

Zahlensymbolik: Die Anzahl der Räder des Sonnenwagens oder der Pferde versinnbildlichen die sieben Wochentage, zwölf Jahresphasen der Sonne oder 24 Stunden eines Tages, wovon jeder den Lebenslauf von Geburt (Sonnenaufgang) bis Tod (Sonnenuntergang) demonstriert.

Beinamen: Martanda, Ravi, Virocana, Vivasvan, Savitri etc.

2 Der Mondgott Soma oder Chandra

Im Mittelpunkt des vedischen Rituals stand das Pressen der Soma-Pflanze, aus der ein Rauschtrank gewonnen wurde, der Götter und Priester labte. Dieser Vorgang ist möglicherweise dem Hanf-Ritual der Skythen verwandt. Der austretende Saft wurde mit dem Unsterblichkeitstrank Amrita verglichen, der als Regen zur Erde niederfällt. Da der Mond als Ursprung der himmlischen Wasser galt, wurde Soma das gebräuchliche Wort für Mond und absorbierte auch den alten Mondgott Chandra. Einige Mythen, beispielsweise die Kurma-Avatara des Vishnu, erzählen vom Kampf der Götter und Dämonen um das Unsterblichkeitselixier Amrita oder Soma. Mit dem Rückgang des Soma-Rituals verlor auch der Mondgott an Bedeutung.

166 Der Mondgott Soma oder Chandra in der Vollmondscheibe, auf einer Antilope sitzend, zu Füßen den Mondhasen

Darstellung: Weißer Mann in weißen Kleidern, priesterliche Attribute wie Krug und Gebetskranz, ferner Lotos als Zeichen der Vegetation und Keule (Abb. 166).

Vahana: Zehn weiße Rosse oder eine *Antilope.*

3 Planetengötter

In Nordindien ist die Gruppe der neun *Planetengötter (Navagrahas)* häufig an den Architraven der Türen zur Schoßkammer eines Tempels dargestellt; im Süden werden sie innerhalb großer Tempel in eigenen Schreinen verehrt (Abb. 167–169). Zu Sonne *(Surya)* und Mond (*Soma* oder *Chandra*) werden noch hinzugezählt: der weise *Budha* (Merkur), der freundliche Dämonenlehrer *Shukra* (Venus), der kriegerische *Mangala* oder *Angaraka* (Mars), der Götterlehrer

167–169 Die neun Planetengötter (Navagrahas) in verschiedener Anordnung und Darstellung

167 Detail aus der Backe des großen Ebers von Khajuraho (vgl. Abb. 74): Der große Kopf ohne Körper ist Rahu

168 Die Navagrahas über dem Türsturz (obere Reihe; übliche Anordnung in Nordindien): Rechts der große Kopf ist Rahu, daneben mit Fischleib: Ketu. Darunter mehrere Götter, in der Mitte: Vishnu, dem der Tempel geweiht ist. Tempel von Osian, Rajasthan

Brihaspati (Jupiter), der unheilvolle *Shani* (Saturn) sowie *Rahu* und *Ketu*, die Dämonen der Sonnen- und Mondfinsternis. Rahu wird entweder kopflos auf einer Eule oder als großer Kopf ohne Leib dargestellt, Ketu hat ein Flammenhaupt und einen Schuppenleib.

Die *Legende von Rahu und Ketu:* Als Mohini (vgl. Kurma-Avatara) bei der Verteilung des Unsterblichkeitstrankes die Reihe der Götter entlangging, hatte sich ein Daitya (Titan) mit vier Armen und einem langen Schweif unter die Götter gedrängt. Surya und Chandra beschwerten sich darüber, und Vishnu trennte dem Dämon mit seinem Diskus den Kopf ab. Durch die Wirkung des Amrita lebten die beiden Teile jedoch weiter, und zwar der Kopf als Rahu, der Körper als Ketu; als unsterbliche Wesen erhielten sie einen Platz am Firmament. Ketu zieht in Form eines Drachenschweifs auf seinem mit acht roten Pferden bespannten Wagen über den Himmel, während Rahu als Kopf des Drachens in einem Wagen mit acht schwarzen Pferden fährt. Ihr Haß gegen Surya und Chandra erlischt nie und sie verfolgen die beiden stets mit geöffne-

169 Die Navagrahas in Südindien als neun kleine Statuen. Schrein in Hampi-Vijayanagara

tem Rachen. Manchmal fangen sie Sonne und Mond und verschlingen sie kurzfristig, wodurch Sonnen- und Mondfinsternis entstehen.

Die *sieben Rishis (Sapta-Rishis)* erscheinen als Sterne des Großen Bären am Himmel; sie sind die Ahnherren der sieben Brahmanengeschlechter Indiens. Ihre Gattinnen sind die *sechs Pleiaden (Krittikas),* die in Leidenschaft zu Shiva als Wanderbettler (Bhikshatana-Murti) entflammten und Ziehmütter des Skanda/Karttikeya sind.

Rishis sind Seher aus grauer Vorzeit, Autoren der Göttlichen Offenbarung und des indischen Lebensstils, Waldeinsiedler, Magier, Medizinmänner, Astrologen, Priester und manchmal Inkarnationen der Götter. Teilweise sind sie mit den *Prajapatis* oder *Pitris* identisch, die als Ahnherren der ganzen Schöpfung, von Göttern, Titanen, Dämonen, Menschen, Tieren, gelten. Die bekanntesten Rishis und Prajapatis sind *Atri, Daksha, Kashyapa, Bgrigu, Marichi, Pulastya, Vishvamitra, Narada, Nara-Narayana.* Der Ahnherr der dravidischen Kultur, insbesondere der Tamil-Literatur, ist *Agastya* oder *Agasti,* der Sohn des Varuna. Seine Heimat sind die Vindhya-Berge; er wird in Südindien hoch verehrt und auch in Hinterindien und Indonesien dargestellt.

VIII Götter- und Menschenfeinde

In der Mythologie und bildenden Kunst ist dem Kampf der Götter (Devas, Devatas oder Suras) gegen die Anti-Götter (A-suras) breiter Raum gewidmet. Alles Götterfeindliche wird generell als *Asura* bezeichnet, wobei *Titanen (Daityas)* meist als Gegenpart der Götter wirken und *Riesen (Rakshasas)* Feinde der Menschen bzw. der Götter in menschlichen Inkarnationen (vgl. die Avataras des Vishnu) sind (Abb. 170, 171).

Die Asuras waren ursprünglich eine Götterklasse indoiranischen Ursprungs, die als opferunabhängige Götter von den Priestern zur

170 Dickbäuchiger Riese (Rakshasa), der als Torhüter (Dvarapala) fungiert. Tempel in Prambanan, Java

171 Riese mit Flammenhaar, der als Torhüter (Dvarapala) vor einem Dorfschrein und als Wächter des heiligen Bezirkes (Kshetrapala) fungiert. Südindischer Dorfschrein

Zeit ihres komplizierten Opfermonopols (späte Veda- und Brahmana-Zeit) zu götterfeindlichen Dämonen degradiert wurden. Die Unterwerfung der Dravidas und verschiedener Lokalstämme durch die Arier, die Kämpfe zwischen Krieger- und Priesterklassen, zwischen Matriarchat und Patriarchat etc. werden mythologisch erhöht und als Zwist von Gut und Böse vor Augen geführt. Das Götterfeindliche und Böse wird vielfach im Süden etabliert, wohin die unterworfenen Dravidas abgedrängt wurden.

Gut und Böse haben in der Mythologie dieselben Ahnherren; daher sind Götter nicht frei von Fehlern, Dämonen nicht ohne Tugenden und kultivierten Lebensstil (z. B. Ravana). Im Mahabharata sind die einander befehdenden Kauravas und Pandavas miteinander verwandt. Das Böse ist im indischen Denken nicht ursächlich schlecht, sondern nur die Kehrseite des Guten, die dieses erst erkennen läßt. Daher ist das Böse durchaus heilsam am Erlösungsweg und wird von den Göttern zum Durchbruch der Erleuchtung und damit zur Befreiung aus dem Rad der Wiedergeburten eingesetzt. Nur so wird ein Lebewesen wieder mit dem transzendenten und daher weder guten noch schlechten Urgrund des Seins vereint. Dieses Polaritätsdenken ist dem echten, gegensätzlichen Dualismus der vorderorientalischen Religionen fremd.

In den heiligen Schriften des Shiva- und Devi-Kreises spielt sich der Kampf zwischen Gut und Böse meist im Göttermilieu ab, daher werden die Götterfeinde als Asuras = Anti-Götter bezeichnet (z. B. Andhaka oder Mahisha); sie werden als Personifizierungen negativer und damit erlösungswidriger Eigenschaften eingesetzt, deren Überwindung durch die Götter als Gleichnis bildhaft vor Augen geführt wird.

Die vishnuitische Mythologie greift durch die Avatara-Idee (Inkarnationslehre) vielfach ins irdische Geschehen ein, so daß der jeweilige Gegenpart Vishnus die menschenfeindlichen Riesen (Rakshasas) sind, Abkömmlinge Brahmas und seines Sohnes Pulastya und eng verwandt mit dem Reichtumsgott Kubera. Der Fluch der Riesen begann, als *Jaya* und *Vijaya,* Aufseher in Vishnus Paradies, Rishis und damit die Priesterklasse beleidigten. Sie erhielten jedoch die Gelegenheit, ihre Schuld in verschiedenen Inkarnationen zu sühnen, um sich wiederum ihrem göttlichen Ursprung (Vishnu) zu nähern. In drei Inkarnationen treten sie als Brüder oder Halbbrüder in vishnufeindlichen Funktionen auf: zuerst als *Hiranyaksha* und *Hiranyakashipu*, wiedergeboren als *Ravana* und *Kumbhakarna* = Topfohr, und letztlich inkarniert als *Kansa* und *Shishupala,* die ärgsten Feinde Krishnas.

Asuras und Rakshasas erzwangen vielfach durch übertriebene Askese von den Göttern verschiedene Zugeständnisse, wurden maßlos und begehrten gegen sie auf. Die Legenden führen jedoch jeweils ihren Fall und damit die Unsinnigkeit der Askese zum Selbstzweck vor Augen.

IX Niedere und dienende Gottheiten

Als Begleitfiguren großer Götter fungieren verschiedene Wesen, die im Himmel, im Luftraum oder in der Unterwelt beheimat sind. Je nach ihren Aufgaben sehen sie lieblich, gräßlich oder grotesk aus.

Apsaras (Wasserwandlerinnen) waren ursprünglich Nymphen, die in Indras Paradies die Himmlischen als Tänzerinnen und Sängerinnen erfreuen (Abb. 6). *Surasundaris* sind himmlische Freudenmädchen (Abb. 5); ihr Abbild auf Erden sind die Tempelkurtisanen, die Devadasis (portugiesisch Bajaderen). Die *Gandharvas* sind die Gatten der Apsaras, Fruchtbarkeitsgenien und himmlische Musikanten (Abb. 7, 8); ihr Anführer ist der Weise Narada, der Erfinder

172 Kinnara, Vogelmensch als himmlischer Musikant

173 Yakshini biegt den Sal-Baum (Motiv der Sal-Biegerin)

der Stabzither. *Kinnaras* und *Kinnaris* sind männliche und weibliche Vogelmenschen oder Kentauren, die oft als Musikanten fungieren (Abb. 172).

Yakshas und Yakshinis (oder *Yakshis*) sind Vegetationsgeister und Fruchtbarkeitsgenien. Eine Untergruppe sind die den griechischen Dryaden vergleichbaren Vrikshakas = Baumgeister; beliebt ist das Motiv der Biegung des Sal-Baumes (Abb. 173). Die Verehrung von Tieren, Bäumen, Pflanzen, Steinen und der ganzen »beseelten« Natur entstammt der animistisch-schamanistischen Stufe der prähistorischen Zeit und blieb im Volksglauben stets lebendig. Dickbäuchige Yakshas hüten irdische Schätze und verleihen Fruchtbarkeit; ihr Anführer ist der Reichtumsgott Kubera. Die lebensstrotzenden Yakshas und Yakshinis sind die Prototypen figürlicher Darstellungen der indischen Kunst.

Den Yakshas kann auch der Liebesgott *Kama* oder *Kamadeva* zugezählt werden. In vedischer Zeit war Kama, die Begierde, eine kosmische Kraft, der Antrieb zur Entstehung der Erscheinungswelt. Wie der griechische Eros oder der römische Cupido schießt Kama Pfeile aus Blumen von seinem Zuckerrohrbogen mit Bienensaiten ab; er ist auch der Anführer der Apsaras und als Versucher dem buddhistischen Mara vergleichbar. Seine Begleiter sind *Rati* (Leidenschaft), *Priti* (Freude) und *Vasanta* (Frühling). Kama und Krishna ist das große Frühlingsfest niederer Klassen, das Holika, kurz Holi, gewidmet. Das Bespritzen mit Wasser und Farbe ist als alter Fruchtbarkeitszauber zu verstehen und als Sieg des Frühlings über den Winter (Tod und Auferstehung Kamas: Shiva hatte ihn zu Asche verbrannt, und er wird wiedergeboren als Pradyumna, Sohn Krishnas und Rukminis) sowie als Triumph des Guten über das Böse (Krishna vernichtet Putana; Abb. 85a). – *Darstellung:* Kama als schöner Jüngling mit Pfeil und Bogen, reitend auf Makara (Fruchtbarkeit) oder Papagei (Erotik), Makara eventuell im Banner; seine Gattin Rati reitet auf Papagei oder Ente (Abb. 174–176). *Beinamen: Ananga* (körperlos), *Kandarpa, Manmatha, Pradyumna.*

Negative Geister und Gespenster der Unterwelt sind meist mit Shiva und seiner Shakti verbunden. Shivas Begleiter heißen generell *Ganas* = Scharen, ihr Leiter ist Ganesha oder Ganapati. Ihre dicken Bäuche, auf denen groteske Gesichter abgebildet sein können

174 Der Liebesgott Kama. Detail einer Miniaturmalerei aus Pahari, Museum für Indische Kunst, Berlin

175 Der Liebesgott Kama mit seiner Gattin Rati; Kennzeichen: Bogen aus Zuckerrohr, Blütenpfeile, Banner mit dem Seeungeheuer Makara (Fruchtbarkeit). Tempel von Belur

176 Der Liebesgott Kama auf einem Papagei. Dieser Vogel ist ein erotisches Symbol

(Udaremukha = Bauchgesicht), weisen sie als Fruchtbarkeits- und Reichtumsdämonen aus. Shiva als Herr über das Böse heißt *Papanatha,* als Herr der Geister *Bhutanatha.* Diese *Bhutas* sind meist Fleischfresser, Blutsauger, unerlöste Seelen, die des Nachts ihren Spuk treiben. *Pretas* sind Hungergeister, die in Skelettform erscheinen. *Dakinis* sind bluttrinkende Hexen, die sich auf Leichenäckern und Verbrennungsstätten herumtreiben und die Vergänglichkeit des Lebens vor Augen führen (vgl. Chinnamasta).

X Heilige Tiere und Tiergottheiten

Die Verehrung von Tieren reicht ebenfalls in vorarische Zeit zurück, wie zahlreiche Siegel der Induskultur beweisen. Götter können sich tiergestaltig manifestieren, so Shiva als Buckelstier (Farbabb. 11), Vishnu als Sonnenadler Garuda (Farbabb. 18; Abb. 178) oder Shesha-Schlange, Skanda als Hahn, die Muttergöttin als Kuh etc.

In der vedischen Religion der Arier waren Tieropfer, vor allem von Ziegen, Widdern und Pferden durchaus üblich. Im orthodoxen Hinduismus sind sie streng verpönt. Reste von ehemaligen Menschenopfern und Blutriten sind in volkstümlichen Tieropferkulten der Kali und verwandter Dorf- und Stammesgottheiten erhalten. In der hinduistischen Ikonographie spielen Tiere, vor allem als Reit- und Symboltiere (Vahanas) von Gottheiten, eine große Rolle. Im Volksglauben werden Affen und Schlangen vielfach als selbständige Gottheiten verehrt.

Kuh und *Stier* sind uralte Zeichen der Verbindung von Himmel und Erde zur Hervorbringung der Schöpfung. Die Wunschkuh Surabhi oder Kamadhenu ist das heilige Tier der Brahmanengeschlechter; in vielen heiligen Schriften wird die Kuh »göttlich« genannt, jedoch selten dargestellt. Strengster Schutz des Rindes, das

177 Der Affengott Hanuman in Anbetungsgeste. Tempel von Belur

178 Der Sonnenadler Garuda in Anbetungsgeste. Tempel von Belur

oft den einzigen »Reichtum« der Ärmsten darstellt, ist ein Grundgebot des Hinduismus.

Elefanten gelten als königliche Tiere und Träger des Alls, der vornehmste von ihnen ist Indras weißer Elefant Airavata. Sie sind auch ein beliebtes Glückssymbol (vgl. Gaja-Lakshmi; Abb. 92). Elefant, Pferd, Buckelstier und Löwe fungieren als Wächter des Alls.

Affen sind besonders kluge Tiere und ebenso wie *Ratten* der Durga geweiht. Der Affengeneral Hanuman oder Hanumat, der Sohn des Windgottes Vayu (Abb. 164), ist ein beliebter Volksgott (Abb. 177). Seine Standbilder werden zum Zeichen der Verehrung gern mit rotem Zinnoberpuder bestrichen.

Die *Schlange* als geheimnisvolles Tier wurde schon zur Zeit der Induskultur hoch verehrt. Schlangensteine = Nagakals (Abb. 14) unter freiem Himmel, bei Bäumen oder Dorfschreinen sind meist gemeinsam mit anderen Fruchtbarkeitsidolen, wie Ganesha-Statuetten, Linga, Yoni, shivaitischen Symbolen etc., anzutreffen.

179 Naga und Nagini, Schlangenpaar. Museum Kalkutta

Schlangen gelten als Zeichen der ewigen kosmischen Energie (Ananta, Shesha; vgl. Vishnu-Narayana; Farbabb. 3, 4; Abb. 68); im Yoga symbolisiert die Schlangenenergie (Kundalini) das weibliche Prinzip. Schlangen stehen in Verbindung mit Wasser, da sie zu

Beginn der Regenzeit erscheinen, ihre Häutung und Selbsterneuerung gilt als Zeichen der Wiedergeburt. *Schlangenkönige (Nagarajas)* hüten Schätze der Wassertiefen; *Schlangenpaare (Nagas und Naginis)* sind häufig Fruchtbarkeitszeichen an Tempeln (Abb. 179).

Pferde stehen in Verbindung mit Sonnen- und Planetengöttern und sind indoarischen Ursprungs (Abb. 165); im dravidischen Südindien werden für den Schutzgott Aiyanar Tonpferde auf die Felder gestellt (Farbabb. 10; Abb. 16; vgl. auch Glückszeichen und Symbole als Bauschmuck, S. 24ff.; Tiere als »Fahrzeuge« von Gottheiten, S. 49f.).

XI Die Halbgötter des Mahabharata

Das Mahabharata, das größte indische Heldenepos, umfaßt etwa 100000 Doppelverse und entstand etwa zwischen 400 v. und 400 n. Chr. Als Kompilator gilt der heilige Vyasa in Verbindung mit dem Gott Ganesha. In die Haupthandlung sind mehrere Episoden, wie die Liebesgeschichten von Nala und Damyanti, Savitri und Satyavan, eingeschoben sowie Fabeln, Parabeln und ein philosophisches Lehrgedicht, der »Gesang des Erhabenen« (Bhagavadgita). Der historische Hintergrund ist das Vordringen indoarischer Hirtennomaden aus zentralasiatischen Steppen ab etwa 1500 v. Chr., Landnahme, Seßhaftwerdung und Stammeskämpfe im Gebiet zwischen Hindukusch, Fünfstromland (Panjab) und Zweistromland (Doab) an Indus, Ganges und Yamuna, bis zu den Vindhya-Bergen. Die indoarischen Fürstengeschlechter entsprossen nach der Mythologie der Verbindung von Göttern mit Sterblichen oder sind Inkarnationen von Gottheiten; viele Gestalten des Epos sind als Halbgötter dem hinduistischen Pantheon einverleibt. Die großen Götter, vor allem Vasudeva-Krishna, greifen vielfach ins irdische Geschehen ein. Szenen des Mahabharata sind beliebte Themen der Bildsprache an Tempeln, namentlich von erzählenden Friesen. Sie zeigen das

Leben einer Wald-, Einsiedler- und Dorfkultur, das hohe Kriegerideal der Arier, den Sieg der Götter über Dämonen, den Triumph des Guten über das Böse usw.

Die Haupthandlung befaßt sich mit dem Geschlecht des weisen Königs *Bharata,* der in grauer Vorzeit in Bharata-varsha = Indien herrschte. Einer seiner Nachfahren, König *Shantanu* aus der Mondlinie (Soma- oder Chandravamsa), regierte gegen Ende des Dvapara-Yuga (Kupfernen Zeitalters) zu Hastinapura im Meerut-Distrikt, nahe dem heutigen Delhi. Er war vermählt mit der himmlischen Nymphe *Ganga.* Um ihre Kinder, die acht Vasus, vor einem Leben als Sterbliche zu bewahren, warf sie sieben Söhne in die Fluten des heiligen Stromes Ganga. Nur beim Letztgeborenen

180 Arjuna schießt auf den Fisch, der sich im Wasser spiegelt, und gewinnt Draupadi. Seine vier Brüder und zwei Rishis nehmen daran teil

namens *Devabrata* hinderte sie der König. Ganga kehrte zum Himmel zurück, ihr Sohn mußte auf Erden verweilen. Als der König wieder heiraten wollte, verzichtete Devabrata freiwillig auf die Thronfolge und tat den furchtbaren Schwur der Ehelosigkeit, daher wird er auch *Bhishma,* der Furchtbare, genannt. Die Söhne König Shantanus aus der zweiten Ehe raffte ein früher Tod dahin, und Bhishma waltete als Regent des Landes.

Die Nachkommen seines zweiten Halbbruders mit den Frauen Amba und Ambika waren der blinde *Dhritarashtra* und *Pandu,* der »Bleiche«. Dhritarashtra bestieg den Thron von Hastinapura und zeugte 100 Söhne, die *Kauravas* oder Kurus. Sein Bruder Pandu fiel durch einen Rishi unter den Fluch der Impotenz. Doch seine zwei Frauen, *Kunti* aus dem Königshause der Yadavas, und *Madri,* Tochter des Herrschers der Madras, empfingen von den Göttern fünf Söhne, die *Pandavas* oder Pandus. *Yudhisthira,* der Erstgeborene, war Sohn des Totenrichters und Gesetzeskönigs Yama, *Bhima* des Windgottes Vayu, *Arjuna* des Götterkönigs Indra, die Zwillingssöhne der Madri, *Sahadeva* und *Nakula,* der pferdeköpfigen Ashvins. (Diese beiden himmlischen Nothelfer entsprechen den griechischen Dioskuren Kastor und Pollux, im christlichen Bereich sind die Ärzte Kosmas und Damian ihnen vergleichbar.) Vor ihrer Heirat mit Pandu hatte Kunti bereits den Sohn *Karna* vom Sonnengott Surya empfangen, der unerkannt bei einem Wagenlenker aufwuchs. Nach Pandus Tod gebührte der ersten Frau, Kunti, das Recht zur Witwenverbrennung; sie trat diese »Ehre« jedoch an Madri ab, da Pandu in deren Armen verschieden war.

Kunti waltete nun als Erzieherin der fünf Pandava-Prinzen, die gemeinsam mit den verwandten Kauravas aufwuchsen. Der Brahmanenkrieger *Drona* bildete die Pandavas zu großen Kriegern aus; vor allem Arjuna war ein gewaltiger Bogenschütze, Bhima ein Held der Eisenkeule. (Bhima oder Bhimasena, kurz Bhimsen, ist ein sehr populärer Gott in Nepal, eine Art Herkules, aber auch Gott der Kaufleute und des Handels, möglicherweise zuerst ein kraftvoller Schützer der alten Handelsrouten nach Tibet und China.) Der Sohn Kuntis und des Sonnengottes Surya, Karna, erhielt seine Waffenlehre von Parashurama, dem Günstling Shivas. Bei einem Turnier kam der längst gehegte unterschwellige Haß und der Neid der

Kauravas auf die Pandavas zutage. Karna forderte Arjuna zum Zweikampf, der sich jedoch weigerte, gegen den vermeintlichen Sohn eines Wagenlenkers die Waffen zu erheben. Der bösartige *Duryodhana,* der älteste der Kauravas, beeinflußte den gütigen König Dhritarashtra, Karna zum König der Angas (Bengalen) zu ernennen, um einen ebenbürtigen Gegner zur Ausrottung der Pandavas zu gewinnen. Trotz kurzfristiger Beschwichtigung der Fehde mußten die Pandavas vor dem Komplott Duryodhanas und Karnas fliehen.

Mit ihrer Mutter Kunti zogen die Pandavas als Wanderbettler durch die Wälder und wurden von einem Brahmanen aufgenommen. Von ihm erfuhren sie von der Swayambara, der freien Gattenwahl der *Draupadi,* Tochter des Königs der Panchalas. Draupadi ist eine Inkarnation der Indrani oder Aindri, der Gattin des Götterkönigs Indra. Abermals kam es zu einem Streit zwischen Karna und den Pandavas, doch Arjuna gewann Draupadi mit Agnis Bogen zur Braut (Abb. 180). Zu Hause angelangt, erzählte er seiner Mutter, er habe einen großen Preis errungen, und sie gebot ihm, diesen mit seinen Brüdern zu teilen. So wurde Draupadi die Gattin aller fünf Pandava-Prinzen. Historischer Hintergrund dürfte die Abstammung Draupadis von einem alten Volksstamm des Vorhimalaya sein (Hauptstadt von Panchala: Ahicattra), bei dem – ähnlich den Tibetern – die Polyandrie üblich war.

Der Streit zwischen den Pandavas und den Kauravas beruhigte sich kurzfristig. Die Pandavas errichteten eine eigene neue Hauptstadt, Indraprashtha, das heutige Delhi. Yudhisthira vollzog das große Pferdeopfer (Ashvamedha), mit dem sich die Könige als Universalherrscher auswiesen, und beschwor damit wiederum den Zorn der Kauravas herauf. Bei einem Würfelspiel gewann Duryodhana mit Hilfe eines Falschspielers Yudhisthira das ganze Reich und Draupadi ab, die ihn gedemütigt hatte. Nach allerlei bösen Vorzeichen ließ König Dhritarashtra die Pandavas frei, die ins Exil in die Waldeinsamkeit zogen. Sie gewannen die Freundschaft *Krishnas,* dessen Schwester *Subhadra* Arjuna heiratete. Krishna und Arjuna gelten auch als Inkarnationen der unsterblichen Seher *Nara-Narayana.* Nach zwölf Jahren brach der offene Kampf zwischen den verwandten Fürstengeschlechtern aus. Die Heere standen einander

181 Szene aus dem Mahabharata: Devabrata, genannt Bhishma, einer der acht Vasus und Sohn der Göttin Ganga, nach der Entscheidungsschlacht von Kurukshetra auf einem Lager aus Pfeilen (»Pfeilbett«) sterbend, umringt von beiden Parteien, den verwandten Kauravas oder Kurus und den Pandavas oder Pandus. Tempel von Pattadakal, Karnataka

bei *Kurukshetra* (Feld der Kurus), nördlich von Delhi, zur großen, 18tägigen Entscheidungsschlacht gegenüber. (Die historische Schlacht dürfte etwa zwischen 1000 und 800 v. Chr. stattgefunden haben.) Krishna war mit beiden Seiten verwandt und griff daher nicht direkt ins Kampfgeschehen ein, doch diente er Arjuna als Wagenlenker. Als sich der Pandava-Prinz weigerte, gegen seine Verwandten die Waffen zu erheben, ermahnte ihn Krishna und erinnerte ihn an seine Pflicht, als Krieger zu kämpfen, und pries gleichzeitig die Unsterblichkeit der Seele. Dieses philosophische Lehrgedicht ist die *Bhagavadgita.*

Durch unglückselige Verkettungen mußte Arjuna auch gegen den gütigen Bhishma, den Sohn der Ganga, kämpfen, obwohl dieser Sympathien für die Pandavas hegte. Auf einem »Pfeilbett« sterbend, unterrichtete Bhishma Yudhisthira über die Aufgaben eines gerechten Königs (Abb. 181). Zwischen Arjuna und Karna entbrannte ein furchtbarer Zweikampf; beide waren Göttersöhne und mit himmlischen Waffen bewehrt. Durch einen Fluch unterlag letztlich Karna, der Sohn Suryas, seinem Halbbruder Arjuna, dem Sohn Indras. Die fünf Söhne der Draupadi und alle Männer im Lager der Pandavas wurden meuchlings ermordet. Duryodhana, der Anstifter dieser Greueltaten, fiel jedoch beim Anblick der Kinderleichen tot zu Boden. König Dhritarashtra zog sich mit seiner Gattin Gandhari und mit Kunti, der Mutter der Pandavas, in eine Waldeinsiedelei zurück, wo sie bei einem Brand umkamen.

Die Pandavas waren nun Herren des Landes, wurden jedoch von Gewissensbissen geplagt. Deshalb unternahmen sie eine Pilgerreise an den Brahmaputra, nach Dwarka, wo Krishna herrschte, in den Himalaya und ins Reich der Toten; nur ein treuer Hund begleitete sie. Draupadi starb als erste an den Strapazen und weil sie Arjuna mehr als ihre anderen Gatten geliebt hatte; vier Pandava-Prinzen verschieden der Reihe nach an ihren menschlichen Schwächen. Nur der gerechte »Gesetzeskönig« (Dharmaraja) Yudhisthira überlebte. Er gelangte in die Höllen und erfuhr alle Schrecknisse, bis er sie als Täuschung (Maya) der eigenen Unreife und Unreinheit erkannte und sich an heiligen Wassern von seinen Sünden befreite. So erreichte er Indras Himmelstür und begehrte mit seinem Hund Einlaß. Der Himmelskönig verweigerte dem Hund die Pforte, doch Yudhisthira bestand darauf, das treue Tier zu belohnen. Der Hund wurde als Dharma, als Gott der Pflicht, erkannt und mit Yudhisthira in den Himmel eingelassen.

182 Kirtti-Mukha: Ruhmesantlitz, gehörnte Dämonenmaske in der seltenen lächelnden Form. Türverkleidung aus getriebenem Silber eines Tempels in Goa

Glossar

Avatara Herabstieg eines Gottes (Vishnu) zur Erlösung der Kreaturen und Wiederherstellung der kosmisch-ethischen Ordnung

Bhakti Gottesliebe, vertrauensvolle Hingabe an die Erlösergnade eines Gottes, Erlösungsweg der Bhagavadgita (Krishna)

Brahman Weltseele, allesdurchdringender Weltgeist, transzendentes Absolutes; Personifizierung: Brahma (oder ein Hochgott)

Darshana »Sehen«, Anschauung verehrungswürdiger Gegenstände oder Personen; die sechs großen Philosophenschulen des Hinduismus

Dharma Weltgesetzlichkeit, kosmisch-ethische Ordnung, Pflicht

Jati »Geburt«, Untergliederung der vier Stände (Varna) in zahlreiche Kasten, in die ein Mensch hineingeboren wird

Karma(n) Tat, Gesetz des Handelns; Vergeltungskausalität, wonach jedes Lebewesen die Qualität der Wiedergeburten selbst schafft

Linga Phallisches Zeichen Shivas; esoterisch: Symbol des statisch-geistig-männlichen Prinzips oder des Urgeists (Purusha)

Moksha Erlösung, Befreiung aus der Kette der Wiedergeburten

Murti »Erscheinung«, Offenbarungsform einer Gottheit (meist Shivas)

Puja Verehrung, Schmückung, Anbetung von Götterbildnissen

Samsara »Umherwandern«, ewiger Kreislauf von Werden und Vergehen, Wiedergeburtenkette

Shakti Weibliche Energie eines Gottes

Vahana »Fahrzeug«, Reit- oder Symboltier einer Gottheit

Varna »Farbe«; Bezeichnung für die vier Stände der hinduistischen Gesellschaftsordnung: Priester- und Gelehrtenstand = Brahmanen, Krieger- und landbesitzender Adel = Kshatriyas, Handwerker und Kaufleute = Vaishyas, Knechte und Sklaven =

Shudras; ursprünglich wohl Gegensatz: hellhäutige Eroberer (Arier oder Aryas) und dunkelhäutige Urbevölkerung (Dravidas)

Veda Göttliche Offenbarung in Alt-Sanskrit (Rig-, Sama-, Yajur- und Atharvaveda, Upanishaden, Aranyakas und Brahmanas)

Yantra Symbolisch-geometrische Darstellung göttlicher Energie

Yoni Mutterschoß, Symbol für das kinetisch-materiell-weibliche Prinzip, die wandelbare Natur oder die Urmaterie (Prakriti)

Literaturhinweise

Bayiri, B. P.: Rangavalli (Part 8), Udupi 1980

Bharata Iyer, K.: Animals in Indian Sculpture, Bombay 1977

Bhavnani, Enakshi: Decorative Designs and Craftsmanship of India, Bombay 1968

Gupta, Shakti M.: From Daityas to Devatas, Bombay 1973

Gupte, R. S.: Iconography of the Hindus, Buddhists and Jains, Bombay 1972

Fergusson, James: The Cave Temples of India, 1880 (Nachdruck: Delhi 1969)

Fischer, Klaus: Erotik und Askese in Kult und Kunst der Inder, Köln 1979

Ions, Veronica: Indische Mythologie, Wiesbaden 1967

Keilhauer, Anneliese: Hinduismus, Stuttgart 1979

Kirfel, Willibald: Symbolik des Hinduismus und Jainismus, Tafelband von Volker Moeller, Stuttgart 1959

Liebert, Gösta: Iconographic dictionary of the Indian religions, Leiden 1976

Majupuria, Trilok Chandra: Sacred and Symbolic Animals of Nepal, Kirtipur, Kathmandu 1977

Majupuria, Trilok Chandra und Indra, Erothic Themes of Nepal, Kirtipur, Kathmandu 1978–79

Majupuria, Trilok Chandra und Indra, Glimpses of Nepal, Lashkar, Gwalior 1979–80

Michell, George: Der Hindu-Tempel. Bauformen und Bedeutung, Köln 1979

Moeller, Volker: Die Mythologie der vedischen Religion und des Hinduismus; in: Wörterbuch der Mythologie, Stuttgart 1961ff.

Padmanabhan, S.: Temples of South India, Nagercoil 1979

Sivaramamurti, C.: Indien. Kunst und Kultur, Freiburg i. Br. u. a. 1975
Wilkins, W. J.: Hindu Mythology, Calcutta, Allahabad, Bombay, Delhi 1978
Zimmer, Heinrich: Indische Mythen und Symbole, Düsseldorf u. a. 1975

Abbildungsnachweis

1 Fotos

Bad Vilbel, Bodo Willrich Abb. 4–6, 76, 81, 171
Berlin, Staatliche Museen Preußischer Kulturbesitz, Museum für Indische Kunst Abb. 56, 112, 123, 174
Mainz, E. Böhm Abb. 122
Salzburg, Peter Keilhauer Umschlagabb. Vorder- und Rückseite, Farbabb. 1–22; Frontispiz, Abb. 1–3, 7–10, 15, 17, 19, 21, 22, 47, 52–54, 57, 58, 66–68, 70–75, 77, 78, 80, 84, 85a, b, 86–90, 92, 98, 100–111, 113–116, 118–121, 124, 126–129, 131, 133–139, 141, 143–145, 147, 149a, b, 150, 153, 157–162, 165, 167–170, 175, 177–179, 181, 182

2 Zeichnungen

Köln, Bildarchiv DuMont Buchverlag Abb. 20, 155
Salzburg, Bildarchiv der Autoren Abb. 11–13, 16, 18, 25–27, 48, 49, 51, 61–65, 79, 91, 95–97, 132, 146, 148, 151, 152, 156, 163, 172, 180
Salzburg, Peter Keilhauer Karte S. 11, Abb. 14, 28–46, 50, 59, 60, 93, 94, 125, 130, 154
Reproduktionen mit freundlicher Genehmigung aus:
Majupuria, Trilok Chandra: Sacred and Symbolic Animals of Nepal, Kirtipur, Kathmandu 1977 Abb. 55, 82, 99, 140, 164, 166, 176
Majupuria, Trilok Chandra und Indra: Erothic Themes of Nepal, Kirtipur, Kathmandu 1978–79 Abb. 23, 24, 83
Majupuria, Trilok Chandra und Indra: Glimpses of Nepal, Lashkar, Gwalior 1979–80 Abb. 117, 142, 173
Tempeltücher für die Muttergöttinnen (Ausstellungskatalog), Museum Rietberg, Zürich 1982 Abb. 69

Namen- und Sachregister

Ortsregister
(auch Tempelstätten, Völker)

DuMont Taschenbücher

Kleine Geschichte der indischen Kunst

Von Manfred Görgens. 312 Seiten mit 26 farbigen und 118 einfarbigen Abbildungen, 10 Karten, Zeittafel, Verzeichnis der wichtigsten Museen indischer Kunst, Glossar, Literaturhinweisen, Register (DuMont Taschenbücher, Band 186)

Dieses Buch erläutert – vor dem Hintergrund politischer und philosophisch-religiöser Wandlungen – chronologisch die Entwicklung indischer Architektur, Plastik und Malerei der Buddhisten, Jainas, Hindus und Moslems; ein abschließendes Kapitel ist der Kolonialzeit und der Gegenwart gewidmet. Anhand ausgewählter, zum größten Teil illustrierter Beispiele aus einem geschlossenen Kulturraum, der die heutigen Staaten Indien, Pakistan und Bangladesh umfaßt, wird eine trotz ständiger Zuwanderung aus Zentral- und Westasien außergewöhnliche Tradition hinter dem Formenwandel deutlich.

Erotik und Askese in Kult und Kunst der Inder

Von Klaus Fischer. 292 Seiten mit 20 farbigen und 124 einfarbigen Abbildungen, Literaturhinweisen, Karte der Fundorte und Kultstätten, Namen-, Orts- und Sachregister (DuMont Taschenbücher, Band 81)

»Klaus Fischer hat eine Fülle von Material zusammengetragen, das teilweise stichpunktartig den einzelnen Untertiteln zugeordnet ist. So bringt er eine möglichst komprimierte Darstellung der Thematik, und das Buch erhält stellenweise einen Lexikoncharakter. Die sehr handliche Taschenbuchausgabe bietet einen guten Einblick in die Bedeutung der Thematik. Ein umfassender Anhang, erläuternde Anmerkungen, ein reichhaltiger Literaturnachweis, eine Übersichtskarte der Fundorte und Kultstätten, Abbildungsnachweise, Namens-, Orts- und Sachregister bildet einen nützlichen Apparat, so daß die Ausgabe sowohl für den Fachmann als auch für den Laien gut brauchbar ist. Sie ist eine notwendige und wichtige Bereicherung, um die indische Kunst und ihre Geschichte besser verstehen und kennenlernen zu können.« *Orientalische Literaturzeitung*

Thangkas

Rollbilder aus dem Himalaya
Kunst und mystische Bedeutung
Von Alexandra Lavizzari-Raeuber. 296 Seiten mit 9 farbigen und 105 einfarbigen Abbildungen, Register, Bibliographie (DuMont Taschenbücher, Band 150)

»Die bei DuMont als Taschenbuch erschienene Untersuchung von Alexandra Lavizzari-Raeuber gibt eine umfassende Einführung in die historische Entwicklung der tibetischen Religion, erklärt die Funktion des Thangkas, des religiösen Rollbildes im Lamaismus, und charakterisiert die einzelnen darauf dargestellten Götter.« *Main-Echo*

Schattenfiguren – Schattenspiel

China, Japan, Indien, Thailand, Indonesien, Türkei, Persien, Nordafrika, Europa
Geschichte – Herstellung – Spiel
Von Peter F. Dunkel. 203 Seiten mit 28 farbigen und 77 einfarbigen Abbildungen, 14 Zeichnungen, 2 Karten, Glossar, Literaturhinweisen, Verzeichnis der wichtigsten europäischen Sammlungen und Museen mit Schattenfiguren (DuMont Taschenbücher, Band 152)

»Peter F. Dunkel gibt eine ›Weltgeschichte‹ des Schattenspiels. Er führt den Leser nach Asien und Indien, zeigt, wie faszinierend das Erleben von Licht und Schatten in den verschiedenen Kulturen zum Teil auch heute noch sein kann. Er geht in die Geschichte zurück und gibt Anleitungen, ein Schattentheater selber zu machen. Ein Verzeichnis der Museen mit Sammlungen von Schattenspielfiguren ergänzt dieses informative Buch.«
Bayerischer Rundfunk

»Richtig reisen«

»Richtig reisen«: Nord-Indien

Von Henriette Rouillard. 332 Seiten mit 36 farbigen und 121 einfarbigen Abbildungen, Zeichnungen und Plänen, 38 Seiten praktischen Reisehinweisen, Register

»Zum vorzüglichen Text, zur Übersichtlichkeit, kommen die vielen wunderschönen Abbildungen in Schwarzweiß und Farbe.« *Österreichischer Rundfunk*

»Wenn ein Buch über Indien den dieses Landes gänzlich unkundigen Leser nicht überfordert, dann ist das schon etwas Bemerkenswertes. Denn Religion und Lebensauffassung sind so komplex, daß oft sogar den Buchverfassern der Schweiß beim Erklären ausbricht, erst recht dem Leser. In ihrem Band geht Henriette Rouillard jedoch sehr behutsam vor. Aber man meint im Laufe der Lektüre dann doch einigermaßen tief in die indische Mentalität einzudringen. Und überhaupt bemerkt man immer deutlicher, daß für die Autorin dieses Buches die östliche Kultur die zweite geistige Heimat bedeutet.«
Sender Freies Berlin

»Richtig reisen«: Süd-Indien

Von Henriette Rouillard. 352 Seiten mit 43 farbigen und 110 einfarbigen Abbildungen und Karten, 47 Seiten praktischen Reisehinweisen, Register

»In verschiedenen, gut fundierten Kapiteln, berichtet Henriette Rouillard über geschichtliche Hintergründe, Religion, den Prunk der Fürstenhöfe ebenso wie Bevölkerungsexplosion und Armut der Menschen Indiens. Danach führt die Autorin den Leser nach Bombay, dem Tor Indiens und von dort durch alle Bundesstaaten Süd-Indiens. Das Buch beschreibt aber nicht nur die touristischen Höhepunkte einer Süd-Indienreise, sondern führt auch zu weniger bekannten Orten. Der ›Gelbe Teil‹ des Buches bringt eine umfassende Zusammenstellung wissenswerter Daten, die von einer allgemeinen Landesübersicht bis zu praktischen Informationen über Vorbereitung und Durchführung einer Indienreise reichen.« *Foto-Scene*

»Richtig reisen«: Nepal

Kathmandu: Tor zum Nepal-Trekking
Von Dieter Bedenig. 288 Seiten mit 37 farbigen und 97 einfarbigen Abbildungen, Karten und Plänen, 48 Seiten praktischen Reisehinweisen, Register

»Das handliche Buch stellt das Gebiet sachkundig und kritisch vor, weist auf Möglichkeiten zum Trekking hin und gibt zahlreiche wertvolle und praxisnahe Tips für Nepal-Reisende. Eine hochinteressante Lektüre, durch ausgezeichnete Fotos ergänzt.«
Nürnberger Nachrichten

»Nicht weniger als 14 Mitarbeiter, die so wie Dr. Bedenig Nepal aus eigener Anschauung kennen, zeichnen als weitere Autoren für das sowohl durch die interessanten Beiträge wie auch durch die prachtvollen Illustrationen faszinierende Buch verantwortlich.« *Wiener Zeitung*

»Richtig reisen«: Sri Lanka

(Ceylon) Von Jochen Siemens. 320 Seiten mit 52 farbigen und 185 einfarbigen Abbildungen, 17 Zeichnungen und Karten, 32 Seiten praktischen Reisehinweisen, Glossar, Literaturverzeichnis, Register

»Mit dem Autor Jochen Siemens hat der Verlag einen jener Glücksgriffe getan, die exzellente Reisebücher hervorbringen. Siemens kennt sich aus auf Sri Lanka auch in den äußerst komplizierten Verhältnissen dort.
Alle Informationen stimmen, die politischen, geschichtlichen und auch die touristischen.« *Frankfurter Allgemeine Zeitung*